历史的丰碑丛书

政治家卷

古希腊民主派领袖
伯里克利

张树卿　编著

吉林人民出版社

图书在版编目(CIP)数据

古希腊民主派领袖──伯里克利 / 张树卿编著 . --
长春：吉林人民出版社，2011.4（2025.4 重印）
（历史的丰碑丛书）
ISBN 978-7-206-07600-8

Ⅰ.①古… Ⅱ.①张… Ⅲ.①伯里克利—青年读物②
伯里克利—少年读物 Ⅳ.① K831.984.7-49

中国版本图书馆 CIP 数据核字 (2011) 第 038190 号

古希腊民主派领袖　伯里克利

GUXILA MINZHUPA ILINGXIU　BOLIKELI

编　　著：张树卿
责任编辑：崔　晓　　　封面设计：孙浩瀚
制　　作：吉林人民出版社图文设计印务中心
吉林人民出版社出版 发行 (长春市人民大街7548号　邮政编码:130022)
印　刷:北京一鑫印务有限责任公司
开　本:787mm×1092mm　　1/16
印　张:8　　　　字　数:72千字
标准书号:ISBN 978-7-206-07600-8
版　次:2011年4月第1版　印　次:2025年4月第3次印刷
定　价:35.00 元

如发现印装质量问题,影响阅读,请与出版社联系调换。

编者的话

"欲知大道，必先为史"。

回溯人类的足迹，人们首先看到的总是那些在其各自背景和时点上标志着社会高度和进步里程的伟大人物。他们是历史的丰碑，是后世之鉴。

黑格尔说："无疑，一个时代的杰出个人是特性，一般说来，就反映了这个时代的总的精神。"普希金说："跟随伟大人物的思想是一门引人入胜的科学。"

以史为鉴，面向未来。作为21世纪的继往开来者，我们觉得，在知史基础上具有宽广的知识结构、开阔的胸襟和敏锐的洞察力应是首要的素质要求，而在历史的大背景中追寻丰碑人物的思想、风范和足迹，应是知史的捷径。

考虑到现代人时间的宝贵，我们期盼以尽量精短的篇幅容纳尽量丰富的信息，展现尽量宏大的历史画卷和历史规律。为此，我们编撰了这套丛书。

编撰丛书的过程，也是纵览历代风云、伴随伟人心路、吸收历史营养的过程。沉心于书页，我们随处感受着各历史时期伟大人物所体现的推动历史进步的人类征服力量。我们随着伟人命运及事业的坎坷与辉煌而悲喜，为他们思想的深邃精湛、行为的大气脱俗而会意感慨、拍案叫绝。

然而，在思想开始远游和精神获得享受的同时，我们也随之感受到历史脚步的沉重和历史过程的曲折。社会每前进一步都是艰难的，都伴随着巨大的痛苦和付出。历史的伟大在于它最终走向进步，最终在血污中诞生了鲜活的"婴孩"。

历史有继承性和局限性，不能凭空创造。伟人也有血肉，他们的思想、行为因此注定了同样具有历史的局限性和阶级的、时代的烙印；他们的功业建立于千千万万广大人民群众伟大创造的基础上。历史是人民群众创造的，伟大的人物们是历史和时代造就的。同时，我们也无法否定此间他们个人的努力。这也正是我们编撰这套丛书的目的。

我们期盼着这套丛书得到社会的认同，对读者，特别是青少年读者之历史感、成就感和使命感的培养有所裨益。史海浩瀚，群星璀璨。我们以对广大青少年读者负责的精神，精心遴选，以助力青少年成长进步，集结出版了《历史的丰碑》系列丛书，敬请读者批评、指正。

历史的丰碑丛书

编 委 会

策 划： 胡维革　吴铁光
　　　　林　巍　冯子龙
主 编： 胡维革　邢万生
副主编： 贾淑文　谷艳秋
编 委： （按姓氏笔画为序）
　　　　于二辉　刘士琳
　　　　刘文辉　孙建军
　　　　李艳萍　吴兰萍
　　　　杨九屹　隋　军

伯里克利生活的时代，正处于希波战争和伯罗奔尼撒战争之间。他自公元前466年步入政坛之后，就始终如一地把一腔热血和全部精力用在了雅典城邦的繁荣昌盛和民主政治的建设上。他一生的所作所为，处处体现了他作为一名雅典爱国者的伟大情怀。

为了雅典的经济繁荣，伯里克利推行扶植工商业的有利政策；为了雅典的文化昌盛，伯里克利实行奖励文化政策；为了雅典的强大，伯里克利对外推行一条大邦主义政策，锐意与斯巴达争夺希腊霸权。在伯里克利当政之时，雅典进入了最繁荣时期。被称之为"希腊的学校""希腊的希腊"。受到马克思的高度评价。马克思说："希腊的内部极盛时期是伯里克利时代，外部极盛时期是亚历山大时代。"

目　录

历史的丰碑丛书

生于忧患

伟大的目的产生伟大的毅力。
　　　　　　　　——斯大林
　　志向是天才的幼苗，经过热爱劳动的
双手培育，在肥田沃土里将长成为粗壮的
大树。
　　　　　　　　——苏霍姆林斯基

→雅典娜雕塑——雅典的守护神

← 雅典古城

　　位于亚狄迦半岛上的古希腊著名奴隶制城邦——雅典，以其经济繁荣、政治民主、文化昌盛而著称于世界历史。

　　雅典群星荟萃的智慧儿女，用其拳拳爱国之心，报国之志，效国之才，把雅典——建设成了整个希腊的政治、经济、文化中心，成为"希腊的希腊"，"希腊的学校"。他们用自己智慧的头脑和勤劳的双手，用自己的汗水和生命，捍卫了城邦的独立和自由，促进了城邦的繁荣和强大。在世界古代历史上，导演了一幕幕惊天地、泣鬼神的爱国壮举，奏响了一曲曲爱国

奉献的时代最强音。在无数的雅典智慧儿女中，伯里克利是杰出的代表人物之一。正如马克思所指出的："希腊内部极盛时期是伯里克利时代，外部极盛时期是亚历山大时代。"

伯里克利生于祖国危难之时，他是在希腊硝烟弥漫，战火纷飞，到处充满了械斗和仇杀，到处在流血牺牲的战争年代中诞生的。他出生的那一年（公元前495年），正值古代的"世界大战"——历时近半个世纪的"希波战争"（公元前500年至公元前449年）进行到第五个年头。可以说，伯里克利来到人世后，第一次睁眼看到的就是你死我活的人间战争，第一次呼吸的空气里就充满了"火药"味。

那时，他的祖国——雅典，乃至整个希腊正经历

雅典古城哈德良拱门

带有女神柱的神庙

着波斯强敌的入侵，经历着一场建国以来生死存亡的严峻考验。能否战胜穷凶极恶、不可一世的波斯帝国侵略，直接关系到祖国的存亡、民族的独立和人民的自由。在祖国处于最危险的时刻，包括伯里克利父亲在内的雅典热血男儿，时刻听从祖国的召唤，纷纷拿起武器，积极主动地投入了保卫国家、抗击波斯侵略的战场。用血肉之躯，用自己的生命，不仅保卫了雅典，也保卫了整个希腊免遭外族的奴役和压迫。父辈们报效祖国的一腔热血和英勇献身精神，对伯里克利一生的活动，尤其是对他青少年时期远大政治抱负的确立和爱国主义思想的形成，产生了重大而又深远的影响。

在希腊联军抗击波斯侵略的峥嵘岁月中度过青少

年时代的伯里克利，在耳闻目睹中，亲自体验着爱和恨，萌生了炽热的爱国心、远大的政治追求和历史责任感。

他痛恨波斯帝国的侵略。对希腊抗击波斯所取得的每一次胜利无不感到由衷的高兴。公元前492年，波斯发动对希腊本土的第一次大规模远征。波斯皇帝大流士派遣其女婿马多尼俄斯率领海陆大军进攻巴尔干希腊。陆军行至色雷斯，因遭到当地居民的顽强反抗而中止。舰队行至卡尔客狄克半岛的阿陀斯地角，因遇飓风，船只损失过半，海军2万人沉于鱼腹，致使此次远征不得不中途收兵。据说年仅3岁的

→波斯帝国的大流士一世

伯里克利听到这个消息后，表现得异常兴奋。在他天真幼稚的脸上洋溢着少有的喜乐情绪，格外惹人喜爱。

公元前490年，波斯发动了对希腊本土的第二次大规模远征。波斯侵略军在希腊叛徒希庇阿的告密下，在占领了爱勒多里亚之后，挥师直驱雅典，并在距雅典城东北约40公里处的马拉松平原登陆。马拉松平原长约9公里，宽约3公里，东面临海，其余三面环山。波斯驻扎在北面，希腊人则依傍南面的山坡为营。在双方力量对比悬殊的情况下，雅典将领米太雅得力排众议，坚持主动出击，迎战波斯，于9月12日打响了马拉松战役。雅典1万名重装兵和普拉提亚派来的1000名援兵同波斯数万大军展开了生死决战。据希罗多德记载，在这次战役中，希腊人俘获了7艘波斯舰只，歼灭波斯有生力量6400人，而希腊人中只有192人血洒疆场。雅典爱国战士腓力匹得斯带着战场的血迹，风尘仆仆地跑回雅典，向自己的同胞高喊："高兴吧！我们胜利了！"然后就倒下了。

希腊为了纪念为国捐躯的马拉松阵亡的雅典将士，在马拉松平原为这192名雅典将士修筑了一个巨大的坟冢。在坟墓旁边为著名指挥官米太雅得树立了纪念碑。优秀的希腊艺术家波力诺托斯，还把马拉松之战的民族英雄，雕刻在雅典主要广场的一条廊柱上。国

→波斯帝国居鲁士大帝

际体育组织为了纪念长跑家腓力匹得斯的爱国长跑义举，以"马拉松"来命名长跑项目。

马拉松战役是世界古代军事史上以少胜多的光辉战例。它的胜利极大地鼓舞了全希腊人联合抗敌的信心和勇气，极大地弘扬了爱国主义和主人翁精神。不仅彻底粉碎了波斯百战百胜的神话，也为雅典赢得了全希腊人对他的尊敬。正如希罗多德所说，整个希腊尽可把雅典人称之为"恩人"。

马拉松战役的英雄们，成为人们学习的榜样，成为家喻户晓、人人皆知的动人故事，在雅典，乃至在整个希腊被到处传诵着。战争教育了人民，人民赢得了战争。年仅5岁的伯里克利，从反波斯斗争的胜利中，深为雅典公民而骄傲和自豪。他似乎在雅典将士们的身上，看到了自己的未来，看到了作为公民的伟大，看到了祖国的前途。他虽然还谈不到理智地去认识和理解马拉松战役的深远历史意义，但是，他却本能地在其幼小的心灵中，点燃了为国争光的火炬。米太雅得、腓力匹得斯等英雄人物，成为他心中最为崇拜的偶像。每次聆听父母讲述马拉松战役的故事，伯里克利都十分专注。他不时地发问，波斯为什么要侵略希腊？面对强敌的雅典人为什么不怕苦，不怕死？

← 马拉松平原

马拉松战役

阵亡的将士为什么战斗那么勇敢、视死如归？世间为
什么要有战争？诸如此类他所关心的问题。而每当他
所提出的问题得到较为满意的答复后，伯里克利都表
现出一般儿童所不具备的欣慰和沉思。他曾向父母明
确表示过，将来一定做一个好公民，做一个出类拔萃
的雅典人。他也曾发誓，将来一定让雅典强大得无人
敢侵略。

　　岁月流逝，但希波战争却在继续。公元前480年，
惨遭败北的波斯统治者恼羞成怒，决心报复希腊。又
发动了第三次大规模的远征希腊本土的战争。这一次，
波斯侵略军是由国王薛西斯亲自统帅。据希罗多德
《历史》一书记载，波斯海陆大军总数有100多万人。
显然是过于夸大了。据现代学者估计，波斯可能拥有近20万陆军和近千艘战船（其中一部分是兵舰，另一部分是装载给养的货船）。

面对来势汹汹的波斯侵略军，希腊各邦在马拉松战役胜利的鼓舞下，联合抗敌，31个城邦结成了战斗同盟，公推斯巴达为盟主。波斯侵略军挥舞战刀，沿途降服希腊城邦。耀武扬威，声称要征服全希腊。气焰嚣张，形势逼人。很快就逼近了连接色萨利和中部希腊的温泉关，亦称德摩比利。

德摩比利地方是一个很狭窄的隘口，隘口的一面是难以通行的高山，另一面是陡峭的海岸，地势险要，易守难攻。斯巴达国王列奥尼达亲率300名斯巴达战士坚守隘口，双方在此展开了殊死的搏斗。由于德摩比利战役发生在山隘中，波斯人无法利用他们数量上

马拉松战役

马拉松战役

的优势。尽管波斯人对德摩比利守军发动了一次次猛烈的攻击，却连连败阵，一无所取。据说波斯国王在观战时，由于担心自己军队的得失，痛惜久攻不下的失败，曾三次从王座上跳下来，不得不动用敢死队，做拼死的挣扎。还有一个传说，波斯人射箭时，竟把天上的太阳光芒都给遮盖起来了。斯巴达守军，对此却乐观地说，如果真的是那样，我们就可以在阴凉处与波斯人撕杀了，充满了坚定的自信和无比的大无畏英雄气概。

在敌人一次一次疯狂的进攻面前，包括列奥尼达在内的斯巴达守军，面无一点惧色，他们决心与阵地共存亡，同波斯侵略者决战到底。而按当时斯巴达军人的习俗，军人的胸膛，便是国防。军人要么死于疆场，要么凯旋。贪生怕死，临阵脱逃是决不允许的。无论在战争中遇到什么情况，都不得后退半步。正所谓：前进一步可能生，后退半步必须死。这就是被希腊誉为"陆军之剑"的斯巴达军人的气质和风度。

虽然斯巴达人顽强地固守德摩比利隘口，使敌人付出了很大的伤亡代价。"现在战斗在隘口那面进行，野蛮人大批大批地倒了下去。在他们队伍的后面，军官们手拿皮鞭赶着所有的士兵向前冲。"但是波斯人仍是无法获得胜利。只因为希腊叛徒向波斯人透露了绕到关后的小路，致使希腊守军腹背受敌，蒙受了极其惨重的牺牲。

据希罗多德记载，当希腊守军知道"野蛮人"已绕过了大山，对他们已构成两面夹击之势的情况后，更是破斧沉舟，背水一战。在战斗中"当大多数希腊人的矛被打断时，他们就用剑头砍波斯人"，"用手打牙咬继续奋战"。就这样包括列奥尼达在内的斯巴达300名将士全部壮烈牺牲。

据史料记载，为了抢夺列奥尼达的尸体，双方展开了一场激烈的搏斗。最后，希腊人硬是拼了命地，在把敌人击退4次之后，终于将列奥尼达的尸体抢了回来。

为了纪念牺牲的斯巴达人，在德摩比利隘口这地方修建了一座狮子形状的纪念碑，上面刻写着诗人西奥尼德献给阵亡将士的题词，即"过客啊，请把消息带给拉西第梦（即指斯巴达人）同胞吧，我们矢忠死守，完成了任务就躺在这坟墓里了。"

鲁迅先生在1903年《浙江潮》上发表文章赞扬斯巴达战士的高尚爱国精神说："巍巍乎温泉门之峡，地球不更，则终存此斯巴达战士之魂。"300名斯巴达将士虽然倒下去了，但是他们却在希腊人的心中，再次树起了一座永不磨灭的丰碑。

德摩比利战役的失利，使通往中希腊的门户洞开。穷凶极恶的波斯侵略者以为有机可乘，但等待他们的

波希战争中的温泉关战役：斯巴达以三百破二万人！（电影剧照）

却是惨重的失败。

波斯人迅速占领了空城雅典。雅典人则采纳了地米斯托克利的意见，妇孺老弱转移到了特罗伊津和萨拉米，有作战能力的男性公民则都登上了战舰。希腊联军的舰队按计划集中在萨拉米岛附近，做好了在海上打击敌人的最后决战的准备工作。

公元前480年9月28日清晨，在萨拉米岛附近，既浅而又窄的海峡中，波斯舰队和希腊联军舰队遭遇，发生了最为激烈、壮观的水上之战，即史称的萨拉米海战。激烈的角逐持续了一天，当到了夜幕降临的时候，战斗以希腊人的辉煌胜利而告终。据戴奥多拉斯记载，一败涂地的波斯海军，在海战中被击沉击毁的战舰有300多艘，而希腊人只损失了40艘战舰。

萨拉米海战是世界古代军事史上，又一以少胜多，以弱胜强，以小胜大的光辉战例。它再次向世人昭示了这样一个道理，即国家不论大小，在遭受外敌入侵的时候，只要敢于拿起武器，不畏强暴，团结抗敌，就一定能最终打败侵略者，赢得战争的胜利，捍卫民族的独立和自由。

这时，年已15岁的伯里克利，随着他知识的丰富和眼界的开阔，已不再在感情上对德摩比利隘口之战的失利、萨拉米海战的胜利而过于悲喜，不再看重一

萨拉米海战

城一地的得失。而是站在世界的舞台上，从经济角度出发，用其哲学的眼光和善于思维的头脑，从国家和民族长远发展的立场来考虑问题。他在长时期的对现实社会问题的思考中，逐渐形成了这样的认识，即一个国家在国际社会上的地位高下，取决于这个国家经济实力的强弱。如果一个国家经济落后，那么，它在国际社会上就没有平等可言。落后就会遭受强敌的侵略。惧怕战争不等于爱好和平，爱好和平必须赢得战争。雅典要永远免遭外来的侵略，必须大力发展奴隶制经济。伯里克利这种思想认识的形成，对于他从政后指导国家经济建设，产生了十分显著的影响。

接连败北的波斯侵略军，自公元前480年萨拉米战役之后，至公元前449年，希波双方签署卡利阿斯和约为止，终以彻底失败而告终。

需要特别指出的是，公元前478年以后，斯巴达人退出了与波斯人的战争。雅典借着军事上的胜利和已赢得的社会声望，利用对波斯的战争来不断实行对外侵略扩张政策，使希波战争变成了雅典领导的提洛同盟与波斯之间的战争。

雅典统治者在取得反波斯斗争决定性胜利，摆脱了战争危机，自身实力有了进一步增强的情况下，便以反波斯为名，对外实行了侵略扩张政策，从实际利益得到的好处中，逐渐产生了欲称霸希腊的野心。与这一历史发展现实相适应，17岁的伯里克利在他的思

← 雅典奴隶制经济

想深处，也萌生了大国至上的念头。尽管，这种念头只不过一闪而过，但是，随着历史的发展和伯里克利走上雅典政坛，特别是他担任要职、领导雅典国家之后，逐渐发展成伯里克利的大邦主义外交路线和与斯巴达争夺希腊霸权的思想。

希波战争不仅改变了希腊世界，也改变着世人的思想和观念。希波战争不但给希腊世界带来了悲伤和痛苦，也给希腊世界带来了欢乐和喜庆。

对在这种悲欢同在、苦乐相交的战争岁月中度过其青少年时代的伯里克利来说，苦难教会了他忍耐，悲伤促使他走向成熟，欢乐使他分清了爱和憎。是这种特定的历史条件，给伯里克利的人生观、价值观、思想品德和性格志向等打上了深刻的时代烙印。这是和平时代所不具备的。

然而，即使在同样的社会历史条件下，也并非所有的人都有着相同的经历。在一个人成长的过程中，外部条件固然重要，但这绝不是决定性的因素。决定性的因素是人而不是物。举凡世界上做出成就之人，均是主观与客观相一致，认识与实践相统一。

相关链接
XIANGGUAN LIANJIE

马拉松战役

马拉松战役是公元前490年强大的波斯帝国对雅典发动的战争。雅典方面参战的11000人全部是重装步兵，他们按照惯例在马拉松平原的西侧排出八行纵深的密集方阵。此时正值雨季，马拉松平原只有中间地势较高，两边都是泥沼地，雅典利用地形靠智谋获得了胜利。波斯军队共阵亡6400人，雅典方面仅仅阵亡192人。双方阵亡数字的悬殊差距充分体现了希腊密集阵对波斯方阵的压倒性优势。

马拉松战役是希波战争中的一次重要战役。公元前491年，波斯皇帝大流士派遣使者到希腊各邦索取"土地和水"，就是要求希腊各邦对波斯表示屈服，但遭到了雅典和斯巴达的拒绝。公元前490年，大流士亲率波斯军队再次入侵希腊，在雅典城东北60公里的马拉松平原登陆，妄图一举消灭雅典，进而鲸吞整个希腊。当时斯巴达没有及时援助雅典，只有普加提亚提供了1000援军，雅典在国家生死存亡时刻，只有依靠自己力量与波斯帝国进行对抗。

当时波斯军队有十万人，装备精良，还有骑兵，而雅典军队只有一万人，加上普加提亚援军1000人，他们组成希腊联军，由雅典将军米太亚得指挥。双方军队在马拉松平原展开激战，希腊战士为保卫祖国自由的热情所鼓舞，奋起抗击波斯军队，他们从正面发起佯攻，波斯军队突破了希腊的中线，但在两翼希腊军队却取得了胜利，他们于是从两面夹攻突破中线的敌人。乘胜追击，一直把波斯军队追赶到海边，波斯军队慌忙登船而逃。有七条船被希腊军队截住。这次战役波斯军队死亡达6400人，而希腊只牺牲192人，雅典军队在马拉松战役后急忙赶回雅典，波斯军队一看到雅典军队已有防备，便调转船头驶回亚洲。为了把胜利喜讯迅速告诉雅典人，米太雅得将军派士兵腓力匹得斯去完成任务，当他以最快速度从马拉松跑到雅典中央广场，对着盼望的人们说了一声："大家欢乐吧，我们胜利了"之后就倒在地上牺牲了。为了纪念马拉松战役的胜利和表彰腓力匹得斯的功绩，1896年在雅典举行的第一届奥林匹克运动会上，增加了马拉松赛跑项目。

萨拉米海战

萨拉米海战是希波战争的一部分，是继马拉松战役、温泉关战役之后具有决定性的一战。从此之后，希腊开始由防守转为进攻，终于把波斯军队赶出了希腊本土。本次战役也是希波战争最后、最重要的一场大战。

公元前480年9月23日凌晨，波斯舰队完成了对希腊舰队的包围。海湾西口，200艘埃及战舰按时到达指定位置，堵住了希腊舰队的退路；海湾东口，800多艘波斯战舰排成三列，将海面封锁得严严实实。

被逼到绝境的希腊联合舰队在提米斯托克利的指挥下迅速展开了阵形：科林斯舰队开往海湾西口顶住埃及人的冲击；主力舰队分为左、中、右三队，集中在海湾东口，与波斯主力抗衡。本来希腊海军只有战船358艘，而波斯庞大的海军拥有1207艘战船。但在战役开始前，由于不熟悉天气、航情，波斯海军在实施包围行动时，先后两次遇到飓风，有600艘战舰随风飘碎，战斗力损失了一半。战斗开始后，提米斯托克利发挥自己船小快速的优势，机智

地指挥雅典战船不断地向波斯战船作斜线冲击，利用船头一根长约5米的包铜横杆，先将敌人的长桨划断，然后调转船头，用镶有铜套的舰首狠狠地冲撞波斯战舰的腹部。敌舰就这样一艘一艘地被撞沉。一番激战后，波斯前锋舰队抵挡不住，被迫后撤。而正从后面增援的波斯战舰并不知道战况，它们笛鼓齐鸣，猛往前冲。提米斯托克利见此情景，乘机指挥全军四面出击。波斯舰队进退两难，被冲撞得七零八落，毫无还手之力。海军统帅阿拉禾西亚见败局已定，只得狼狈后撤。

　　波斯王薛西斯在山头上从头到尾目睹着这场海战的经过，无奈地看到波斯战舰沉没的沉没，被擒的被擒。八个小时的激战，波斯舰队200艘战船被击沉，50艘被俘获。

　　面对失败的现实，薛西斯不得不开始考虑整个远征军的前途。一来海军战败，陆军基本的后勤供给失去保障；二来希腊海军可能会乘胜直扑赫勒斯邦海峡（即达达尼尔海峡），截断他的归路。于是，他命令残存的战舰迅速撤到赫勒斯邦海峡。几天后，薛西斯除留下一部兵力在中希腊继续作战外，自己率领其余部队退回到小亚细亚。

饱受教育

知识是人类进步的阶梯。

——高尔基

人有多少知识，就有多少力量，他的知识和他的能力是相等的。

——培 根

伯里克利出生于雅典的一个显贵而又富有的家庭。他的父亲克山提波斯，属于雅典有名望的阿克麦奥尼德家族，是一位在雅典享有盛名的政治家和军事家。作为政治家的克山提波斯，他关心政治变革和雅

←伯里克利

←古希腊的教育

典社会的进步与发展；作为军事家的克山提波斯，他亲身参加了希波战争，曾担任过雅典舰队的司令官，于公元前479年亲自指挥了著名的米卡尔海战，并取得了胜利。克山提波斯不论是作为公民，还是作为父亲，均是伯里克利成长进步道路上的学习榜样。

伯里克利的母亲阿加里斯特，属于在雅典政坛长期有重大影响的阿尔克麦昂家族，是雅典杰出政治改革家克里斯提尼的外甥孙女。她勤劳、善良、聪明、有教养，是雅典社会少有的贤妻良母。作为公民的妻子，她支持并理解丈夫在社会上的工作，对丈夫在政治、军事上所取得的每一胜利，都无不为之欢欣鼓舞。在分享丈夫胜利喜悦的同时，也分享着雅典政府给予

←古希腊人生活

他们的荣誉和尊敬。作为母亲，她有着细腻的感情和崇高的爱。与一般母亲的不同之处，就在于她对孩子倾注的爱，不是看重琐碎的衣、食、住，而是把对孩子的智力教育放在了第一位。在她看来，表壮不如里壮；四肢发达，头脑简单的人，只不过是一个酒囊饭袋，顶多是一个被人瞧不起的公子哥，用知识武装比用服饰武装不知要强出多少倍。她关心政治，更关心伯里克利的成长。

那时，雅典公民集体有一种蓬勃向上的主人翁责任感和使命感。在他们看来，公民不但要竭尽全力为城邦尽义务，还应以为城邦多做贡献为荣耀，而且还要教育好自己的子女，使其成为将来城邦发展建设事业的有用之人才。否则，公民就没有尽到责任，就是一种过错。早在梭伦改革时期，梭伦就以法律形式，规定了雅典公民父母必须传授给子女一种技艺，否则，

→古希腊人生活

子女可以不赡养老人。这就从法律上肯定了公民父母对其子女教育的双重意义，即对城邦有利，对雅典公民自身有利。那时，雅典公民家庭一般都有这样的认识：一个对城邦毫无用处的公民后代，不仅是城邦的不幸，也是公民父母一生中最大的痛苦。因此，雅典公民家庭都比较重视对其子女的培养和教育。伯里克利的父母更是如此。

家庭教育是学校与社会教育所无法代替的人生教育，在这一教育中，父母便是孩子的第一任教师。他们的思想感情、道德情操、举止行为和价值取向，无不潜移默化地影响着孩子的成长。他们给予孩子的启蒙教育和行动上的示范所打上的思想烙印，在很大程度上决定着孩子对未来志向的确立和人生道路的选择。伯里克利就是明显的例子。

知子莫过父母。伯里克利的父母，给予他的启蒙教育概括起来说，主要有以下几个方面：第一，教他发音说话，掌握流利的希腊语。这就为他后来学习雄辩术、成为演说家奠定了语言表达基础。第二，教他学会关心别人，体贴别人。父母往往有意识地在吃东西的时候，让伯里克利不仅想到自己，也要想到别人。母亲在做家务的时候，也有意识地让伯里克利干些力所能及的活。教育与引导他，不仅要尊重父母，也要尊重别人。第三，教他读书识字，培养他的学习兴趣。引导他热爱学习，热爱知识，热爱书本。寓教于乐，在游戏活动中达到教育目的。第四，诱导他关心政治，劝导他立志成为政治家。父母往往通过讲故事的形式，向他灌输爱国主义思想。通过对公民爱国事迹的歌颂和对英雄人物的赞美，诱使他萌生想成为政治家的强烈愿望。第五，教他学会自理及动手动脑的能力。从穿衣、吃饭等日常生活中的小事做起，培养他的自理

←古希腊人生活

古希腊人在研讨哲学

能力。遇到不懂的问题，父母往往不是立即回答他，而是鼓励他自己动脑筋，实在搞不明白了，才给以正确的引导和说服。

父母对伯里克利的启蒙教育，为他以后的成长和发展奠定了一定的基础。

伯里克利的父母，希望把他培养成未来雅典历史上的著名政治家，在未来领导雅典实现繁荣富强方面，为国家多做更大贡献，使他在雅典成为最有影响、最受人尊敬的公民，在城邦中成为家喻户晓、人人皆知、最为出类拔萃的领袖人物，也为父母，以及父母双方光荣而又有影响的家族争光。

　　为此目的，伯里克利的父母为他请来了希腊当时最优秀的人物担任他的老师。伯里克利的哲学教师，是希腊著名的哲学家兼科学家，米利都学派的主要代表人物之一的安纳克萨哥拉。安纳克萨哥拉，约生于公元前610年，卒于公元前546年，是古希腊最早的唯物主义哲学家之一，也是一位学识渊博、颇有学术见地的学者。

　　安纳克萨哥拉以其对自然、宇宙和社会发展变化长期观察和研究所逐渐形成的朴素唯物主义和辩证法教育、启迪伯里克利。在安纳克萨哥拉的耐心教育下，伯里克利逐步确立了朴素唯物主义世界观，形成了世界是物质的，物质是万事万物存在的最基本形式，而构成万事万物的本原"无限"，又是一种永恒不灭的存在，它分裂为矛盾的对立物，如干与湿，冷与热，经

古希腊的乐师

→ 古希腊艺术

种种发展变化而形成地、水、风、火等一切事物形成的因素这样的朴素唯物主义的正确认识。这就在伯里克利世界观形成过程中，排除了神造宇宙说、精神第一性，以及种种相信神异、奇迹等唯心主义思想的影响和干扰。

在安纳克萨哥拉的教育下，伯里克利还基本上掌握了辩证分析的方法，大大地开阔了他的思想和眼界。在现实生活中能够比较尊重客观事实，正视现实社会和人生，遇事注重从实际出发，对复杂的社会现象和矛盾，能够上升到哲学的高度去认识。而这些正是作为一个有作为的政治家所必须具备的思想素质。

  雅典著名音乐家达蒙和泽诺，不仅是伯里克利的音乐教师，也是伯里克利的伦理道德的主要教育者。那时，希腊人具有这样的认识："善良的人就是美丽的人，而美德的主要品质是勇敢、正直、虔诚、适可而止，以及美。肉体的美像精神的美一样极受重视。"

  在雅典公民看来，一个健全的人，应是肉体和精神都完满无缺的人。在一般公民所受的教育中，音乐教育尤为受到重视。

← 古希腊哲学家苏格拉底

→柏拉图

在达蒙和泽诺老师的教导下，伯里克利对音乐艺术产生了浓厚的兴趣。在接受音乐教育的过程中，音乐艺术所具有的和谐、有序、悦耳、激情等特点，有形无形地陶冶了伯里克利的道德情操，从中受到了美育方面的教育和体验，使伯里克利在性格修养方面，学会了稳重而不急躁，畅想而不偏激；在无序中追求有序，在纷争中追求和谐，在显露个人才能时注意适当克制。而这些对于一个政治家应具备的素质来说，都是十分必要的。

伯里克利除向老师学习专门文化知识外，还刻苦学习雄辩术，提高自己的演讲表达能力。因为，雄辩术不仅是当时雅典社会普遍注意的一种知识，也是衡量一个人才能的客观条件。尤其在雅典政治生活中，雄辩能力的大小，在很大程度上影响着一个人仕途的发展。因此，伯里克利学习雄辩术很用心。经过刻苦努力，他终于成为雅典第一流的演说家，这在他后来从政的工作中，发挥了重要的作用。正如后人对他评价所说的：伯里克利是一位政治活动家和天才的演说

The wisdom of Aristotle

亚里士多德的智慧

→古希腊艺术

家。

　　伯里克利天资聪颖，好学上进。虽然出生在官宦富贵之家，但在他身上却看不出有什么娇气，而是表现出特别能吃苦，对学习有着强烈的求知欲。有时他可以一天待在家里埋头学习，而不到外边玩耍。即使学习很疲劳了，但他仍能坚持不完成作业不休息，往往是迷于书本而忘记了其他。

　　在伯里克利看来，有知识总比没知识好，知识多总比知识少好。如果把什么美味佳肴、漂亮的衣物和书籍放在一起让他选择一项的话，他肯定是选择书籍。在学习上伯里克利有着很强的自觉性，几乎用不着父母和老师为他操心。他不但接受能力强，而且还善于动脑筋琢磨学习上的问题。一些关于哲学上的抽象概念和宇宙自然的深刻道理，经老师一指点就接受了下来。他的学习态度和聪明劲，深得老师的赞赏。有时他所提出的对问题的看法，往往能吸引老师的注意力。

伯里克利的个人爱好，几乎都和学习有关。除此以外，似乎他对什么都不感兴趣。他爱读书，几乎达到入迷的程度；他爱音乐，往往沉浸在音乐的海洋之中而忘返；他爱结识高雅的朋友和学界名人，希望从他们身上学到有用的东西。如著名智者派代表、"人是一切事物的尺度"的提出者普罗塔格拉斯，"历史之父"、希波战争史的作者希罗多德，雅

← 古希腊艺术

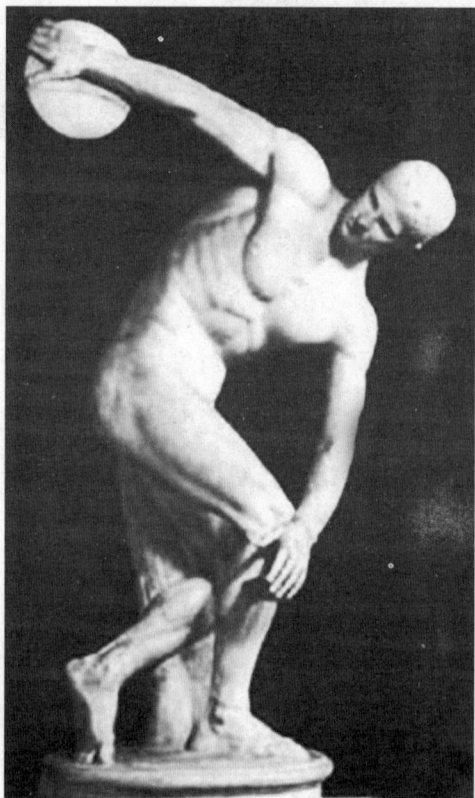

典著名雕刻艺术家菲迪亚斯等人，均成为伯里克利交往甚密的好朋友。他们每到一起，便是彼此交流思想，探讨学术，议论时事政治，关心国计民生。可以说，彼此之间达到了无话不谈的程度。结交这些学识渊博的朋友，对伯里克利来说，不仅从中受益匪浅，而且对他从事政治活动和制定有关政策也产生了一定的影响。

除此以外，伯里克利唯一的业余爱好就是钓鱼。他对钓鱼感兴趣，并不追求能钓多少鱼，而在于对自然风光和垂钓所产生的乐趣。尽管他偏爱钓鱼，但由于他特别注重学习，这唯一的业余爱好也往往难以得到满足。待他走上政坛以后，这个业余爱好几乎就完全放弃了。

饱受希腊文化教育的伯里克利，逐步具备了作为一名政治家的基本素质。这些素质的主要表现是：

政治上，他是一个坚定而又忠实的爱国者。他心胸开阔，富于政治远见，善于谋划，积极进取。

思想上，他深谙事理，具有朴素的唯物主义世界观。他比较务实，不相信神异和迷信，具有强烈的历史责任感和事业心。

道德上，他尊老爱幼，能以礼待人。谨言慎行，严格要求自己。"勇敢、正直、虔诚、适可而止"集于他一身，成为他所生活的那个时代最有教养的人之一。

能力上，他具有多种才能。如政治管理才能、军事指挥才能、演讲才能、组织才能、决策才能等。毫不夸张地说，伯里克利是一个文武德才齐备的人。

体魄上，他的健康程度，足以保证他施展其各种才华，担当起历史赋予他的重任。

是知识造就了人才，是知识给伯里克利插上了腾飞的翅膀。

→火炬传递

相关链接
XIANGGUAN LIANJIE

梭 伦

梭伦（Solon，前638年—前559年），生于雅典，出身于没落的贵族。他年轻时一边经商，一边游历，到过许多地方，漫游名胜古迹，考察社会风情。梭伦是古代雅典的政治家、立法者、诗人，是古希腊七贤之一。梭伦在公元前594年出任雅典城邦的第一任执政官，制定法律，进行改革，史称"梭伦改革"。他在诗歌方面也有成就，诗作主要是赞颂雅典城邦及法律的。他是古希腊最杰出的政治家之一，也是一位多才多艺的诗人。

"梭伦改革"的内容：1.废除农民债务，禁止债务奴役；2.废除德拉古制定的残酷法律，只保留关于谋杀的部分；3.按财产的拥有量将公民分为4个等级，其政治权力按照财产来决定；4.恢复公民大会作为国家最高权力机关，前三等级公民才享有被选举权；5.在贵族会议之外设立四百人会议管理国家，议员无财产资格限制；6.建立公民陪审法庭，有无财产的公民都可参加。

在此之前，雅典农民的境况是极其艰苦的，借了财主的债若还不清，财主就在借债者的土地上竖起债务碑石，借债者就会沦为"六一农"(也被称作"六一汉")，他们为财主做工，收成的六分之五给财主，自己只有六分之一。如果收成不够缴纳利息，财主便有权在一年后把欠债的农民及其妻、子变卖为奴。现在，财主再也不能这样做了，广大平民摆脱了沦为奴隶的厄运，那些因欠债而被卖到异邦的人也能回来了。

梭伦改革是雅典城邦历史发展中的重要里程碑，奠定了雅典民主政治的基础，有助于工商业的发展，调整了公民集体内不同阶层之间的利益关系，使自身从事劳动的中、小所有者公民在经济、政治和社会上的地位得以保证。

梭伦改革动摇了贵族专制统治，奠定了城邦民主政治的基础。(1) 解负令将广大平民从债务奴隶制的枷锁中解放出来，成为享有自由权利的公民。(2) 以财产多寡来确定公民的政治权利，打破了贵族政治专权的局面，与工商业奴隶主分享了政治权利，也使下层平民获得了一定的公民权利。(3) 设立40人会议和公民陪审法庭等国家权力机构的改革措施，也在一定程度上确保了公民参与国家事务的政治权利。

崭露头角

> 你若要喜爱你自己的价值，你就得给
> 世界创造价值。
>
> ——歌 德

希波战争的胜利，为希腊的社会历史发展带来了
生机和活力。希腊社会普遍进入了经济恢复和发展的

→古地中海航海

←古希腊航船（复原）

新时期。由此战争胜利使整个希腊城市国家在政治上和经济上均发生了巨大的变化。而在这种巨大变化中，尤以雅典最为突出和格外引人注目。

雅典已把提洛海上同盟变成了雅典强国，雅典强国开始在海上称霸。它把一切主要的商路都掌握在自己的手里。手工业、商业和航海业有了进一步的发展，从而促进了雅典国家各民主阶层势力的加强。由此变化带来了两个方面的社会问题：一是在国内阶级关系上，由手工业、商业、贸易阶层构成的民主派，与土地贵族为代表的贵族派之间的矛盾斗争更加尖锐化，是继续推进民主制度建设，还是维护并加强贵族特权，已成为雅典社会的现实问题；二是，雅典强国的崛起，

并在海上称霸，已引起了以斯巴达城邦为首的伯罗奔尼撒同盟的不满和反对，潜在的矛盾虽然尚未尖锐化，但利益之争不可避免，迟早会激化这一矛盾，是继续维护和发展海上霸权，还是适可而止，向斯巴达为首的伯罗奔尼撒同盟让步，已成为雅典政治家必须加以考虑的重大社会问题。

伯里克利对当时雅典社会面临的两大社会问题，自有他的政治见解。他认为：对内应当一如既往地推进民主，繁荣民主政治，反对由少数富有公民操持国政；对外应全力维护雅典强国的地位，实现霸权，反对与斯巴达修好，而主张外抗斯巴达。伯里克利的目的十分明确，那就是维护和促进雅典国家的繁荣和强

斯巴达城邦

《波斯人》剧照

大。他从政的出发点和落脚点也在于此。

公元前472年，23岁的伯里克利因出资承办埃斯库罗斯所著的《波斯人》一剧的演出，而使他在社会上崭露头角。《波斯人》这一剧作，以希波战争为题材，以高昂的爱国热情，歌颂了萨拉米海战希腊反抗波斯斗争的伟大胜利。通过艺术形式，再现了那段惊心动魄的历史。伯里克利此举，不仅使他的名字广为人知，也由此赢得了社会的赞誉和称道。

自此以后，伯里克利愈加关心公众利益，关心社会的发展。对民众的同情和民主政治倾向的表露，使他赢得了愈来愈多的政治支持者和拥护者。公元前466年，29岁的伯里克利追随雅典政治改革家埃菲阿尔特

斯步入了雅典政坛。由此开始了他有声有色的人生，
开始了他由雅典民主派的代表人物之一，到雅典民主
政权的最高领导人——首席将军的政治辉煌时期。

　　从走上雅典政坛的那天起，伯里克利就把推进民
主政治，打击贵族势力，巩固和发展雅典强国地位，
促进雅典奴隶制经济、政治、文化的全面繁荣作为始
终如一的追求。起初，他积极参加社会政治活动，全
力支持埃菲阿尔特斯的改革事业。约公元前462年他
与埃菲阿尔特斯合作，共同反对贵族派首领西门（一
译客蒙）。

　　反对西门并非是无足轻重的小事，而是既有政治
影响，又有实际意义的一场政治斗争。因为，一个时
期以来，在雅典公民内部围绕内政外交政策问题发生

→古希腊剧院遗址

←古希腊的《羊人剧》

了相当激烈的斗争。以战神山的议事会和战功卓著的西门为代表的保守势力，竭力主张维护土地贵族的利益。对内主张由少数富有公民执掌政权，对外主张保持既得利益，与斯巴达城邦和好。这一政治主张遭到了民主派及其代表埃菲阿尔特斯和伯里克利的强烈反对。

那时，西门正执掌着雅典政权，又是土地派贵族利益的代表者，可谓有权有势。正如亚里士多德在《雅典政制》中所指出的："在大约17年内，坐落在战神山的议事会的成员们居于领导地位，政制依旧，尽管是在缓慢地走下坡路。"西门就是战神山议事会的坚

决支持者。

西门是公元前5世纪上半叶雅典著名的政治家和军事家，是马拉松战役的主要指挥官，雅典名将米尔提阿德的儿子。他的祖先是雅典著名的显贵家族。据希罗多德记载，他的叔伯祖父老米尔提阿德在庇西特拉图当僭主的时候是雅典很有势力的人物，曾于公元前524年担任过雅典执政官。西门的祖父是雅典数一数二的大富翁，曾用同一队马匹在奥林匹亚赛会上三

苏格拉底之死，雅典政制的悲剧。大卫于1787年创作的《苏格拉底之死》，现藏于纽约大都会美术馆。

← 古希腊执政官

度获得赛车桂冠。西门的父亲米尔提阿德也担任过雅典执政官，这种家庭关系使西门在社会上一直与贵族有着密切的往来。西门性格豪放豁达，待人诚挚。论勇武，他不亚于他的父亲；论智谋，也无逊于地米斯托克利。西门一生戎马倥偬，为雅典反波斯的胜利和雅典强国梦的实现建立过巨大的战功。

其一，公元前480年，萨拉米海战前夕，当大多数雅典人不肯离开世代居住的雅典故土时，西门毅然决然地支持了地米斯托克利放弃雅典到海上作战的大胆而又富于冒险的计划，为众人做出了无畏的榜样。在萨拉米战役中，西门因作战勇敢而受到民众的信任，

不久，便当选出任了雅典的"将军"之职。可以说，西门支持在海上作战的义举，为挽救雅典做出了贡献。是其一。

其二，西门在公元前5世纪70年代和60年代初，参加了一系列反波斯战役。把波斯侵略者从色雷斯、小亚细亚、爱琴海等地赶出了欧洲，并粉碎了他们的战略反攻。雅典人曾给他刻石记功，树碑立传。

其三，西门在向斯巴达人夺取反波斯希腊盟军的领导权，建立、巩固提洛同盟的过程中，发挥了巨大的作用。

← 雅典将军米太雅得 西门之父

←希腊神话中的战神山

　　其四，西门推行军事殖民政策、镇压脱离盟邦的政策、大兴土木的政策。所有这些都对雅典的建设和发展做出了巨大的贡献。

　　伯里克利敢于反对这个正当权又有势力的人物——西门，说明了他在政治立场方面的坚定性，以及为民主政治建设而斗争的胆略和气魄。

　　伯里克利通过指控战神山的议事会的一些成员贪赃枉法和滥用权力，使这个议事会的威信大大降低。公元前463年左右，他又指控西门在塔索斯战争中接受马其顿国王的贿赂。虽然由于拿不出十分确凿的实

据，审查拖延了很久，最终宣判西门无罪了事。但贵族派势力却由此受到了打击。

公元前465年，斯巴达发生了一次空前剧烈的大地震，造成的人员伤亡和物质损失极为惨重。据说斯巴达城的房屋绝大部分都已倒塌，只有5间房子完好如初。正当斯巴达公民陷于极度恐惧与悲哀之时，比地震造成的打击还要大的是奴隶起义。起义者以伊托麦山为根据地，采取灵活的战术，经常四处骚扰，使

→ 马其顿国王腓力二世

斯巴达人惶惶不安，国无宁日，家无太平。斯巴达人尽管组织兵力力剿，但终显力不从心。在天灾人祸的逼迫下，出于万般无奈，不得不向其他城邦求援，其中也包括雅典在内。

面对斯巴达的紧急求援，雅典发生了激烈的争论。在公民大会讨论决定这件事时，民主派代表埃菲阿尔特等人表示坚决反对，他想利用这个机会，一来借以报复斯巴达城邦以往对雅典的敌意和矛盾；二来坐山观虎斗，待斯巴达衰落下去，以收渔人之利。然而，西门却利用自己巨大的社会威信，通过做工作，终于使公民大会同意雅典派兵前去支援。这样一来，民主派就以西门从年轻时代起就是斯巴达的狂热崇拜者为由，为西门制造不利的舆论。而西门所率领的4000雅典重装兵，也因长时间内没有攻下伊托麦山希洛特的起义要塞，受到心怀疑惧的斯巴达人的猜忌，借口不再需要雅典人援助，把西门及其军士们驱逐出了斯巴达。

埃菲阿尔特和伯里克利趁西门领兵前往斯巴达的机会，通过公民大会剥夺了战神山议事会的大部分权力，使其变成了只负责审讯某些与宗教有关的刑事案件的机构。

当西门返回雅典后，埃菲阿尔特和伯里克利为代

表的民主派，又通过公民大会，利用陶片放逐法，将西门放逐出雅典。

西门虽然已被放逐在外，但雅典国内的保守势力和他的拥护者们却愤愤不平，千方百计伺机报复。公元前461年，雅典杰出政治改革家，伯里克利志同道合的亲密战友埃菲阿尔特惨遭杀害。

埃菲阿尔特被害之后，伯里克利遂成为雅典的民主派和国家政权的重要领导人。

陶片放逐法

相关链接
XIANGGUAN LIANJIE

埃斯库罗斯

埃斯库罗斯 公元前525年出生于希腊阿提卡的埃琉西斯。他是古希腊悲剧诗人，与索福克勒斯和欧里庇得斯一起被称为是古希腊最伟大的悲剧作家，有"悲剧之父""有强烈倾向的诗人"的美誉。代表作有《被缚的普罗米修斯》、《阿伽门农》、《善好者》（或称《复仇女神》）等。

埃斯库罗斯出生于一个古老的贵族家庭，他的少年时代是在希庇亚斯的暴政下（公元前525年—公元510年）度过的。当时，雅典的贵族和平民之间斗争非常激烈，厄琉西斯是雅典贵族势力的中心。公元前509年，克利斯提尼实行改革，使雅典走上民主发展的新阶段，他很早就开始喜欢戏剧和阿加索克利斯与阿波罗多的诗。传说酒神狄俄尼索斯在梦中亲自向他传授诗的艺术。他早年时也亲自在他的剧中扮演角色，25岁时他第一次参加雅典的诗人比赛，但没有获胜。

此后不久，希腊和波斯之间的日趋尖锐、激烈的矛盾导致古代史上著名的"希波战争"。公元前

490年他参加马拉松战役，在这场战役中他的兄弟阵亡。公元前480年雅典被毁后他在希腊舰队里参加了萨拉米斯海战。埃斯库罗斯多次去西西里岛，公元前475年他在那里与诗人西摩尼得斯和品达相会。

公元前472年他回到雅典，在那里他的《波斯人》首次上演，这是他对他战时经验的回味。这部剧赢得了诗人比赛的最高奖。公元前468年他输在索福克勒斯手下，但他一生中一共赢得了13次雅典诗人比赛的最佳奖。

他最后一次去西西里时没有能够及时回雅典，传说他是被一只从天空上掉下来的乌龟砸死的。他被葬在格拉，他的墓碑上写着：墓碑下安睡着雅典人埃斯库罗斯，欧福里翁之子，在丰饶的格拉死亡战胜了他。

死讯到达雅典后，雅典人决定他的剧作继续可以（不作为比赛的剧作）在比赛上上演，只要上演他的悲剧，提出申请的演出者就可以获得免费的助演歌队。埃斯库罗斯一共留下了90部剧作（包括山羊剧），其中79部的名称流传下来了。其中最著名的20部都遗失了。

战神山议事会

战神山议事会是一个存在于历史之中有据可考的著名组织。战神山议事会具有护卫雅典城邦法律的职能，管辖着城邦中大部分最重大的事务，并对一切扰乱公共秩序者直截了当地进行审判与惩罚。议事会执政官（最初是9位，后来有所增加）的选拔是以高贵门第及富有为依据，是终身制的官职。但在第一位平民领袖梭伦执政后（约为公元前6世纪初），战神山议事会的权力就逐渐被400人议事会（后发展为五百人议事会）削弱。在希波战争结束后约17年，即公元前462年前后，战神山议事会遭到五百人议事会及平民会议的控告与声讨，于是，战神山议事会对政事的监督权被剥夺。战神山的法律职能则一直延续到罗马时代。

"战神山"之名，一说是来自希腊神话中的战神阿瑞斯，另一说是来自复仇三女神厄里尼厄斯。第一个版本较为流行。在神话中，战神阿瑞斯是第一个在战神山（当时只是雅典市郊的一座普通小石山）受审的被告。据说，这也是有史以来第一个发起的法庭。事情是这样的：海神之王波塞东有一个名叫

埃里厄修斯的儿子，企图强奸阿瑞斯的女儿艾厄西普。阿瑞斯为维护女儿的贞操将埃里厄修斯杀死，并因此受到波塞东的控告，指他犯有谋杀罪。这是战神山受理的第一起谋杀案，被告为阿瑞斯，原告为波塞东，审判员为十二位主神。诸神宣判谋杀罪名不成立，战神阿瑞斯被无罪释放。之后，此山就以阿瑞斯之名命名，被称为"战神山"。

战神山受理的第二桩谋杀案，乃是迈锡尼国王阿伽门农之子俄瑞斯忒斯杀母案。这也是人类历史上的第一个法庭。神话中，阿伽门农之妻克吕泰涅斯忒拉勾结情夫艾奎斯托斯，杀死了自己的丈夫阿伽门农。若干年后，阿伽门农与克吕泰涅斯忒拉的儿子俄瑞斯忒斯为报父仇杀死了自己的生母，并因此受到复仇女神厄里尼厄斯的惩罚与迫害，丧失心智，发疯发狂，痛苦不堪。俄瑞斯忒斯的守护神——太阳神阿波罗提示他去向雅典求助。于是，雅典人在战神山上受理了这起血亲谋杀案。法官与陪审团在听取了原告与被告双方的申诉后，通过投票的方式裁判该案。最后，宣判俄瑞斯忒斯无罪。本次审判的规格与流程，即是后来西方法庭的原始雏形。

完善民主

> 上天生下我们，是要把我们当作火炬，
> 不是照亮自己，而是普照世界……
> ——莎士比亚

　　一个忠于自己的祖国，又具有治国理政才能的人，一旦应祖国的需要，担任了领导国家的重任，就会从祖国和人民的利益出发，毫无保留地奉献自己的一切。

　　古代雅典著名政治家伯里克利，就是这方面的杰出代表。

　　伯里克利自公元前461年成为雅典国家的重要领导人之后，从公元前443年至公元前

←雅典首席将军伯里克利

← 修昔底德头像

429年又连续15年当选为雅典首席将军，成了雅典内外政策的主要决策人。人称这个时期为"伯里克利时代"，这一时期又是希腊历史上"内部极盛时期"。正如史学家修昔底德所说的那样："在他主持国政的整个和平时期内，他英明地领导国家，保卫它的安全，雅典的全盛时代正是他统治的时期。"

伯里克利之所以能把雅典民主政治推向高峰，把雅典奴隶制经济引向繁荣，把雅典文化百花园培育得百花争艳，绚丽多彩，原因就在于他顺应了雅典社会历史发展的必然趋势，执行了一条反映雅典民主阶层利益的政策，充分发挥了他个人的聪明才智。

他从追求富国强兵这一总目标出发，为了保卫、建设、发展雅典，可谓绞尽脑汁，尽心竭力。"他深知，只有让公民集体中的所有成员各得其所，公民内部的团结才有保障，雅典才能拥有强大的兵源。强大的军事力量既是维持雅典的霸主地位的物质基础，又是保障雅典绝大多数公民有较为优越的物质文化生活的必要前提。富国与强兵互为表里。"所以，他所推行的一系列使雅典政治生活民主化的政策都是为实现这一目标服务的。

伯里克利的政治家才能，充分体现在他对国家的英明领导上。具体来说，就是体现在推进民主制度臻

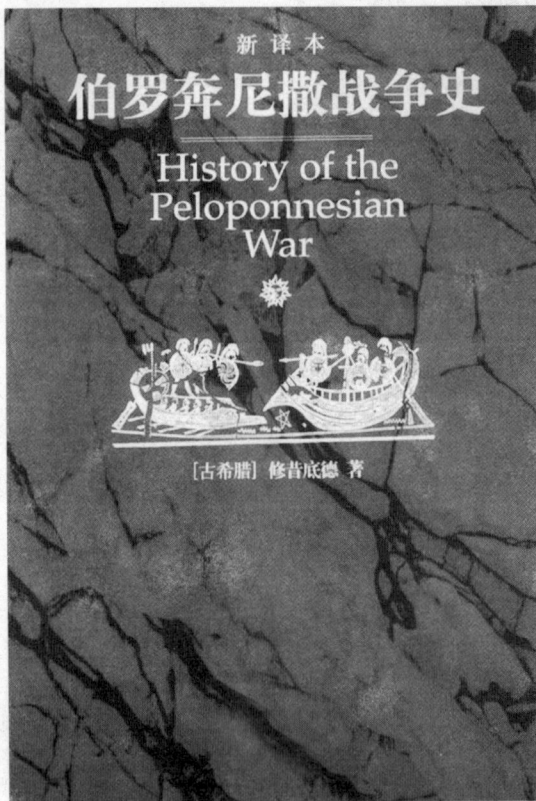

新 译 本

伯罗奔尼撒战争史

History of the Peloponnesian War

[古希腊] 修昔底德 著

← 修昔底德 著

→提秀斯

于完善，从而带来了雅典奴隶制经济、文化的充分、高度的发展和繁荣。难怪有人说，在他领导雅典国家时期，所取得的巨大成就和发生的重大变化都具有"伯里克利面貌"。

雅典的民主政治，是指公元前6至4世纪的雅典社会政治制度。这种政治制度经过提秀斯改革，基伦暴动，德拉古立法，梭伦改革，庇西特拉图僭主政治，克里斯提尼改革，埃菲阿尔特改革，直至伯里克利斯改革，才使之达于全盛。

所谓民主政治，就是国家最高权力属于以公民大会形式行使职权的大多数公民的政治制度。正如伯里克利所说："我们的制度所以名为民主制度，因为它不是顾全少数人的利益，而是顾全多数人的利益。""这种制度是以社会利益与个人利益的巧妙结合为基础，务使个人可能发挥自己的才能和创造性。"

应特别指出的是，只有公民才有政治权利。在公民集体中，因公民个人拥有的财产不同和等级不同，实际所享有的公民权利也不相同。公民在全体居民中的比例，可以肯定地说，始终只是全体居民的一小部分。奴隶和异邦人是没有政治权利的，妇女也无权过问政治。

公民集体大体由两部分人组成：一部分是拥有奴隶的奴隶主；另一部分是没有奴隶，本人必须以劳动谋生的小生产者。这两部分人结合在一起，

← 梭伦头像

→希腊僭主政治

通过国家政权来分享国家利益。在这种结合体中，居于主导地位的始终是富有的奴隶主阶级。

这种制度从根本上来说是保护和促进奴隶制经济发展的。在奴隶制民主政治制度下，确能起到维护和加强公民集体的特权，保障大多数公民有比较优越的物质和文化生活，有一定的言论和行动自由。增强公民集体内部的团结，激发公民的爱国主义精神和主人翁精神。民主政治比起奴隶主阶级专制制度、寡头制度、共和制度要优越得多。难怪希腊一哲学家认为，宁愿在民主制下享受自由，也不当波斯帝国专制的君王。

雅典民主政治制度的主要机构有：公民大会、五百人议会、陪审法庭、十将军委员会。

公民大会在伯里克利时代，已成为定期举行的最高权力机关。大会地点设在雅典近郊的普尼克斯山岗上，每月举行3到4次。大会的主要任务是解决国家一切重大的事情，如战争与媾和问题、城邦粮食供给问题、制定法律和法令、选举公职人员、听取国家公职负责人的报告、行使最高的国家监督权、终审法庭的讼事权等有关国家的重大问题。据亚里士多德《雅典政制》记载，雅典公民大会工作的机能和程序是：在历次公民大会中，有一次最重要的，在这次大会上，

克里斯提尼

伯里克利在普里克斯山公民大会上演说

应当举行被选执政者的考绩，看人民对于他们的政令是否认为正确；然后，便讨论国家粮食和国防问题，当天下午，有所申请的可以申请；最后，便宣读没收财产的清单和确定继承权与继承人的声明书，使得大众知道每件公布的遗产。

公民大会严肃认真，决议或决定具有法律效力。就立法来说，体现了认真负责的精神。每项法律草案要在公民大会上讨论3次。当收到新法案之后，公民大会要任命由200到250名陪审法庭的陪审员组成的专门委员会，对此进行反复切磋，仔细研究。并让参加公民大会的每一位到会者都知道法案的内容。假使新法案被获准通过了，在一年之内，法案的提出者还要对他的提案是否与民主制度有抵触承担法律责任。如果在一年期内证实法案有悖于民主制度而被定罪，其法案提出者可能要受到直至被剥夺公民权的严重惩罚。

公民大会进行期间，允许到会公民有充分发言的自由。人人皆可以发言，甚至无须同时特别顾及议事的日程。每个公民都有权提出通过任何议案，提出新的议案，或者提出关于撤销现行法令的问题。公民有权对国家的内政、外交等政务工作提出批评和建议。选举将军的表决方法是举手表决，或者投小石子于壶中。依据与会者的多数票来决定。执政官以及其他官吏采取抽签方法选出。

亚西比德在公民大会中

```
. . . . . . . . . . . . ΚΑΙΣΤΕΦΑΝΩΣΑΙΑΥJΓΟΝΘΑΛΛΟΥΣΤΕΦ〔Α
ΝΩΙΛΝΑΓΡΑΨΑΙΔΕΤΟΔΕΨΗΦJISΜΑΤΟΝΓΡΑΜΜΑΤΕΑΤ
ΟΝΚΑΤΑΠΡΥΤΑΝΕΙΑΝΕΝΣΤΗΛΕΙΛΙΘΙΝΕΙΚΑΙΣΤΗΣΑΙΕΝ
ΤΩΙΠΡΥΤΑΝΕΙΩΙ ΕΙΣ ΔΕ ΤΗΝΑΝΑΓΡΑΦΗΝΚJΑΙΤΗΝΡΟΙ〔ΗΣ
ΙΝΤΟΥΣΤΕΦΑΝΟΥΜΕΡΙΣΑΙΤΟΥΣΕΠJΙΤΕΙΔΙΟΙΚΗ〔Σ〕ΕΙΤΟΓΕ〔ΝΟΜ
〔ΕΝΟΝΑΝΑΛΩΜΑ〕

ΕΠΙ. . . . . . . ΑΡΧΟΝΤΟΣΤΟΥΜΕΤΑΦΑΝΑΟΧΙΔΗΝΕΓΙΤΗΣ〔Ρ.
. . . . . . . . ΙΔΟΣΔΩΔΕΚΑΤΗΣΠΡΥΤΑΝΕΙΑΣΗΙΠΡΟΚΛΗΣΓΕΡΙ. .
. . . . . . ΕΓΡΑΜΜΑΤΕΥΕΝJΣΚΙΡΟΦΟΡΙΩΝΟΣΕΝΕΙΚΑΙΝΕ
ΑΙΤΡΙΑΚΟΣΤΕΙΤΗΣΠΡΥΤΑΝΕΙΑΣΕΚJΚΛΗΣΙΑΕΝΤΩΙΟΕΑΤΡΩΙ
ΤΩΝΠΡΟΕΔΡΩΝΕΓΕΨΗΦΙΣΕΝ. . . . . . JΤΟΣΚΡΑΤΗΤΟΣΕΛΕΥΣΙΝΙΟΣ
ΚΑΙΣΥΜΓΡΟΕΔΡΟΙΕΔΟΞΕΝΤΩΙΔΗΜΩΙJ ΞΕΝΟΦΩΝΕΥΦΑΝΤ
ΟΥ. . . . . . ΕΙΡΕΝΥΓΕΡΩΝΑΠΑΓΓΕΛΛJΟΥΣΙΝΟΙΠΡΥΤΑΝΕΙΣΤΗΣΡ
. . . . . . ΙΔΟΣΥΓΕΡΤΩΝΟΥΣΙΩΝΩΝΝΕΟJΥΟΝΤΑΠΡΟΤΩΝΕΚΚΛΗΣΙΩ
ΝΩΣΤΩΙΑΓΟΛΛΩΝΙΤΩΙΠΡΟΣΤΑΤΗΡΙΩΙΚΑΙΤJΕΙΑΡΤΕΜΙΔΙΤΕΙΒΟΥΛΑΙ〔Α
ΙΚΑΙΤΟΙΣΑΛΛΟΙΣΘΕΟΙΣΓΑΤΡΙΟΝΗΝΗJΑΓΑΘΕΙΤΥΧΕΙΔΕΔΟΧΘΑΙ
ΤΩΙΔΗΜΩΙΤΑΜΕΝΑΓΑΘΑΔΕΧΕΣΘΑΙΤΑΓΕΓΟΝΟJΤΑΕΝΤΟΙΣΙΕΡΟΙΣΟΙΣ〔ΕΘΥ
ΟΝΕΓΙΤΥΧΗΙΚΑΙΣΩΤΗΡΙΑΙΤΗΣΒΟΥΛΗΣΚΑΙΤJΟΥΔΗΜ〔ΟΥΤΟΥΛΟJΑΝΑJΩΝ
ΕΓΕΙΔΗΔΕΟΙΓΡΥΤΑΝΕΙΣΤΑΣΤΕΘΥΣΙJΑΣΕΟJΥΣΑΝ. . . . . . . . . . . . . .
```

希腊古代法

对于公民资格，在伯里克利时代，鉴于城邦的排外性，财力和物力资源的有限性因素，采取了限制公民数目的措施。公元前451年，根据伯里克利的提议，公民大会通过了一项旨在限制公民数量的法令。该法令规定，只有父母均是雅典公民的人才可以授予其雅典公民权。在此之前，只要父亲是雅典公民即可获得雅典公民权。根据这个法令，伯里克利的第二个妻子，米利都人阿斯帕西娅所生的儿子的公民权也发生了问题。只因伯里克利的请求，公民大会才做出了让步，承认并授予他雅典公民权。公元前445年，埃及国王送给雅典4万斗小麦，在分配小麦过程中对公民名册进行了审核，结果有近5000人被取消了公民资格。从这一事实可以看出，限制公民数量的法令确实发挥了重要作用。但是，也暴露出在公民资格认定和管理上存在的漏洞。

在雅典，人们之所以把公民权看得尤为重要，其原因在于雅典公民享有政治、经济、军事特权。公民在政治上是国家的统治阶级成员之一，享有参与国家管理权，担任公职权；公民在经济上，享有公民集体的财产权、土地经营使用权、产品消费权；公民在军事上，是国家的武装力量来源主体，享有分配战利品权。而没有公民权的人，只能处于被剥削被压迫的地位。

据亚里士多德《雅典政制》一书记载，雅典公民

← 希腊古代法

→埃雷赫透神庙

后代取得公民权的具体程序是：男子年满18岁即成为公民，但从18岁到20岁这两年时间内，要在国内担任守备任务，只有在接受过这种军事训练任务之后，才能获得完全的政治权利。

为了保证公民关心国家大事，参与国家管理和加强政权建设，伯里克利还采取了一些行之有效的措施：第一，除最重要的军职由富有的奴隶主担任外，其余的公职向各等级公民开放。第二，除将军职务没有俸禄外，对担任公职人员实行俸禄制，按其担任公职的级别和承担的责任大小，分别领取一定的职务俸禄。第三，颁行陪审津贴。为使雅典公民中生活无保障的阶层也确有可能参与国家大事，不因怕耽误农忙生产受损失而不出席公民大会，特颁行了出庭陪审者履行义务的津贴。每当公民前来参加公务活动，在进入法院大厦之前，授给每个陪审员一根出庭杖和一颗证章，作为领取规定的两个奥波尔津贴费的凭证。这种给予参加公务活动的公民的补贴，史称"陪审津贴"。第四，颁行"观剧津贴"，即发给公民购买剧票的费用。发给的金额两个奥波尔，约等于一人一天的生活费。发放津贴所需费用，来源于国库收取富裕公民的税收。第五，实行优扶政策，培养公民的爱国主义精神。国家对无力谋生的残废人员发放津贴。战争中阵亡公民的子女由国库支付抚养费，在成人之前提供受教育的

大吴哥城古代审判雕刻

→ 米开朗基罗的最后的审判（局部）

机会。成年男子开始服兵役时，可以领到国家发给的武器。据统计，在伯里克利当政期间，雅典公民中经常从国家得到金钱补助的达 2 万人。

五百人会议在伯里克利时代，成为公民大会闭会期间雅典国家政务管理的最高行政机关，负责处理内政外交方面的一切准备提交公民大会议论的提案，负责管理国家财政，监督造械厂、造船厂、军舰，调度商业，监督官吏。五百人会议的成员按照地区部落从年满 30 岁的公民中抽签选出。凡愿意参加竞选的人，在抽签之前都要进行资格审查。在未卸任的五百人会议面前回答一些问题，如你是否是年满 30 岁的雅典公民？你是否能忠实地履行国家赋予的军政方面的义务？你是否尊重父母？之所以要进行资格审查，原因是出于两个方面的考虑：一是尽量符合国家用人标准，防止不符合条件的人充斥进来，二是对竞选对象的素质考察，看其是否具有爱国之心，具有报国之才，以此来弥补抽签选官的不足之处，使中签当选的任何一个人，都具有胜任此职务工作的能力。正如伯里克利所强调指出的："缺少爱国主义精神的人，是不会履行他的职责，替自己的人民说话的。"

← 雅典的公民大会会场与讲演台遗址

油画《法庭上的芙丽涅》

　　陪审法庭是雅典民主政体的有机组成部分，是雅典国家最高法院兼最高监察和司法的机关。其陪审法庭成员，是在年满30岁的雅典公民中按地区部落抽签选举产生。每个地区部落选出600人，共计6000人组成。从陪审员中产生专职的审判委员会。除国家节日期间外，法庭每天都受理工作和案件。当选为陪审员的公民，每年至少要在法庭中工作100天以上。陪审法庭每天分若干庭受理案件，每庭由200到500人组成。为了便于表决，人数一般总是单数。在提洛同盟存在的后期，雅典陪审法庭的工作范围有了扩大，不单审理本国的各种案件。还受理盟国的大量案件，伯里克利时代，审判程序、判官成分及其职权，都经过调整。每个委员会应占的陪审员名额，也有详确的规定。大大扭转了过去存在的法庭不许代辩、诉讼程序缓慢、案件积压、讼事久拖不决等弊端，提高了办案效率和质量。

十将军委员会是雅典另一个重要政权机关。10 名将军按每一地区部落一名计算，由公民大会举手选举产生。自从希波战争以来，这个委员会的重要性就大大被加强了。十将军委员会可以改选无限次数，而且没有年汇报制度，在雅典国家里是唯一的例外。只有因叛国行为或者作战失败，将军们才受到裁判。在这些场合，他们受到财产充公，放逐，甚至处死的处分。例如伯里克利，他任首席将军达 15 年，是事实上雅典独揽大权的执政者，也只因一战惨败，不但被免职，还被科以罚金。十将军可以不受任职年限和次数限制，允许连选连任。在 10 位将军中选出一人担任该

曾经的雅典神庙

委员会的主席，亦称首席将军。由于主席这个职务的重要，后来就改为直接由公民大会选举产生。10位将军的主要任务，是领导国家武装力量对外征战和支配拨充军费的款项。雅典国家规定，担任将军之职没有薪金。只有富人，且又具专门军事素质的人才可以担当此任，并以报效国家为最崇高政治目的。

经过伯里克利的努力和刻意推进并完善雅典民主政治制度的实践，终于剥夺了战神山议事会的政治权力。将其分别归属于公民大会、五百人会议和陪审法庭。也使后三者摆脱了战神山议事会的牵制，完全成为雅典国家的最高权力机关和执行机构。此后，战神山会议只剩下审理带有宗教性质的案件和事务，其影响和作用大大降低。

伯里克利使雅典奴隶主民主政体日益完备。民主政治进入了最繁荣时期。雅典民主政治的发展既是雅典社会经济、文化发展的必然反映，又是推动后者发展的重要条件。二者相辅相成，互相促进，辩证统一。

相关链接
XIANGGUAN LIANJIE

庇西特拉图

庇西特拉图（约前600—前527），古希腊雅典僭主。被驱逐出雅典一次，自己主动出逃一次；制定过一系列奖励农工商的政策，大规模海外贸易、建设雅典，支持文化。

雅典政治、经济、宗教和文化生活中的重要人物。公元前594年庇西特拉图的亲戚梭伦实行宪法改革，提高雅典下层阶级的经济地位。但是贵族们为夺取执政官的职位而展开激烈的斗争。到庇西特拉图成年时，他们已经形成两大派别，即以利库尔戈斯为首的平原派和迈加克利斯所领导的海岸派。公元前565年左右，庇西特拉图开始组织自己的政治集团，取名山地派，在公元前561年一度执掌政权。为了得到更多的支持，他与迈加克利斯的女儿结婚，再次执掌雅典的政权（约前556—前555）。不过利库尔戈斯和迈加克利斯联合起来将他从雅典赶走。庇西特拉图在希腊北方漂泊数年。公元前546年，他来到优卑亚岛的埃雷特里亚，在帕伦尼一役大胜雅典

军队。庇西特拉图第二次成为雅典的主宰，大权独揽，直到公元前527年去世为止。

他的国内政策是竭力增进雅典城邦的统一和尊严。庇西特拉图为了改进雅典的供水状况，曾敷设一条输水管道。他整顿和美化市场，在伊利苏斯河畔兴建一座奥林匹斯宙斯神庙。在农村地区，庇西特拉图给小农发放农具和贷款，并建立巡回审判制度，对农村地区的诉讼案件就地审理和判决。

在其统治期间，庇西特拉图不仅贯彻执行梭伦立法，而且还采取了一系列有利于工商业者和小农的政策和措施：1.对农民实行低息贷款，把土地税定为收获的1/10或1/20；2.设立农村巡回法庭，现场办公，及时处理农民诉讼，削弱贵族对地方司法的专断和干扰；3.扩展雅典工商业，建造大批商船和战舰，在小亚细亚西北部建立殖民地，以控制黑海的商路和贸易；4.进行大规模的雅典市政工程建设，将雅典变成希腊最繁荣的城市；5.重视雅典文化事业，出资组织节日庆典，请文人墨客到雅典创作交流，《荷马史诗》的整理工作就是在此时的雅典进行的。

在庇西特拉图统治期间，工商业者和农民提高了政治和经济地位，雅典变得更加繁荣强盛。

亚里士多德

亚里士多德（前384—前322年），古希腊斯吉塔拉人，世界古代史上最伟大的哲学家、科学家和教育家之一。他是柏拉图的学生，亚历山大的老师。公元前335年，他在雅典办了一所叫吕克昂的学校，被称为逍遥学派。马克思曾称亚里士多德是"古希腊哲学家中最博学的人物"，恩格斯称他是"古代的黑格尔"。

亚里士多德师承柏拉图，主张教育是国家的职能，学校应由国家管理。他首先提出儿童身心发展阶段的思想；赞成雅典健美体格、和谐发展的教育，主张把天然素质、养成习惯、发展理性看作道德教育的三个源泉，但他反对女子教育，主张"文雅"教育，使教育服务于闲暇。

亚里士多德一生勤奋治学，从事的学术研究涉及逻辑学、修辞学、物理学、生物学、教育学、心理学、政治学、经济学、美学等，写下了大量的著作，他的著作是古代的百科全书，据说有400到1000部，主要有《工具论》《形而上学》《物理学》《伦理学多德为理论的后世书籍（17张）》《政治学》《诗学》等。他的思想对人类产生了深远的影响。他创

立了形式逻辑学，丰富和发展了哲学的各个分支学科，对科学等做出了巨大的贡献。

亚里士多德把科学分为：（1）理论的科学（数学、自然科学和后来被称为形而上学的第一哲学）；（2）实践的科学（伦理学、政治学、经济学、战略学和修饰学）；（3）创造的科学，即诗学。

亚里士多德对世界的贡献之大，令人震惊。他至少撰写了170种著作，其中流传下来的有47种。亚里士多德的著作所表述的观点是，人类生活及社会的每个方面，都是思考与分析的客体；宇宙万物不被神、机会和幻术所控制，而是遵循着一定的规律运行；人类对自然界进行系统而深入的研究是值得的；我们应当通过实验和逻辑分析，得出自己的结论。亚里士多德的这种反传统、反对迷信与神秘主义的主张，对西方文化产生了深远的影响。

亚里士多德集中古代知识于一身，在他死后几百年中，没有一个人像他那样对知识有过系统考察和全面掌握。他的著作是古代的百科全书，他的思想曾经统治过全欧洲，他的思想改变了几乎全西方的哲学家。恩格斯称他是"最博学的人"。

发展经济

一个人的价值，应当看他贡献什么，而不应当看他取得什么。

——爱因斯坦

实际生活中是没有爱说废话的人的位置的。

——斯大林

雅典民主政治的昌盛，促进了雅典社会经济的全面繁荣。一向以建设繁荣强大的雅典为己任的伯里克利，在推进和完善民主政治的同时，也积极采取重大方针政策促进经济的发展。

在伯里克利的英明领导下，雅典政治民主、经济繁荣，受

希腊陶瓶艺术

古希腊陶瓶上的汲水情形

到世人的瞩目。雅典已成为"希腊的希腊",成为别人学习的榜样。正像伯里克利在完善雅典民主政治过程中所起的作用那样,在繁荣雅典社会经济过程中也发挥了决定性的作用。

伯里克利竭力维护奴隶制经济,特别注意城邦经济基础的巩固和发展;对发展工商业和海外贸易,给予了特别的重视和政策扶持;对第三四等级公民的利益给予了格外的关照,使他们只要安心工作,人人都会有饭吃,有基本的生活保障。这些,既成为城邦的政治基础,又成为城邦的经济基础。

在政策上,采取了一系列保护和鼓励发展工商业经济的措施。如禁止粮食出口;鼓励公民从事商品经

← 纺羊毛(雅典瓶画,约公元前560年)

橄榄

营；大力发展创汇经济作物——橄榄和葡萄；用橄榄油和葡萄酒换取粮食、干鱼、木材等生产生活所需物资；鼓励发展农业商品经济，注重单位粮食产量的提高；使阿提卡半岛上的土地占有者，不少人已由自给自足的小农经济发展为农业小商品经济。伯里克利本人，带头在自己的土地上实行商品生产。土地的商品经营，不仅活跃了城乡居民的物质生活，也促进了商品市场的发育和形成。在雅典有许多小商人，小贩、摊贩、自用货摊或出租货摊者，有各式各样的小店老板等。"摊贩市场是主要的交易地方。在雅典和米利都之类的富裕城市，市场有华丽的廊柱装饰。史料中常提及鱼市、油市、酒市、壶市、豆市，诸如此类的摊场，到处都有小贩出卖萝卜、大豆、李干、无花果，到处都听到男女商人的声音，叫卖油、酒、醋等。种种式式的商人，手艺者、商业代理、职员——那些被鄙视为'墟市众庶'之群，构成了古代世界的城市居民的大部分，这使得城市具有墟市的和小商业手工业的性质。在市场上经常拥挤着许多男女商人、笛手、丑角、变戏法者、士兵、水手。"这无疑是雅典经济繁荣的一个侧面。

为了雅典海上优势的发挥，促进社会经济的迅速发展，伯里克利尤其重视航海造船业的发展和雅典港口的建设。雅典的优势在海上，这一点伯里克利比谁都更清楚。早在希波战争时期，伯里克利就十分赞赏雅太米德和地米斯托克利加强海上防御力量的主张和

葡 萄

雅典远眺图

做法。赢得萨拉米战役胜利的事实，充分证明了雅典优势力量所在。

伯里克利执政之后，刻意加强海上力量，修建了先进的船舰，增强了军事实力，保证了海上贸易通道的安全和畅达，使雅典大宗进口物资——粮食的海上贸易通道有了安全保障。

伯里克利还加强了雅典海港的修复和建设工作。对年久失修已残破的拜里厄司港口进行了大规模的重建，使之由一个非常可怜的港湾变成了雅典国家的巨大商业贸易港口。港口设施齐全，有囤存商品的巨大仓库，有造船厂、作坊、银行办事处、公证人办事所和招待来往客人的旅店宿站，年成交贸易额达上千塔连特之上。也使雅典成为希腊世界最使人向往、最有利可图的城市。"在希腊人及异族当中，只有雅典人能够握有财富。须知，如果某一城市有了许多造船用的木材，它向哪里去推销呢？可不就是要说服那位海上君主（指雅典）来买吗？如果某一城市有了许多铁、铜或者亚麻，除了向那位海上君主推销之外，哪里可以卖掉呢？由于这原因，我们从一个城市买得木材，从另一城市买得铁，从第三个买得铜，从第四个买得亚麻原料，从第五个买得密腊，如是等等。"中介贸易使雅典经济发展令希腊世界刮目相看。

另外，许多城市所不具备的条件雅典却具备。如"它握有优越的安全的商港，遇到风暴，可以在那里停

雅典海港一角

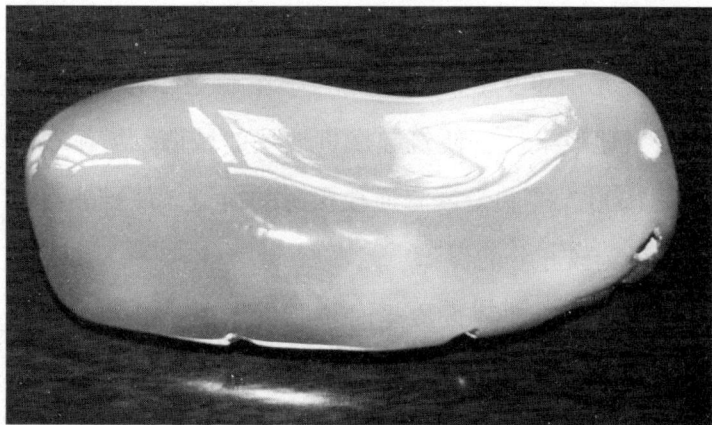

天然蜜蜡

泊。""大多数别的城市每回都须要购新的珍宝，因为这些城市的货币出了国境便全不通用，但是雅典不但有许多物品可以载满船，而且假如商人卖出了自己的货而不载回新货的话，他可以运载最纯粹的商品（货币），因为他无论在什么地方出卖雅典的白银，到处都可以得到更好的价钱。"所有这些都促进了商品货币经济的发达。

为了发展经济，同时也出于政治上的考虑，伯里克利执政后，还实行了军事移民制度，在雅典本土之外，在征服地区建立移民区。这样一来，既可减轻雅典政治、经济上的压力，又为雅典发展经济开辟了新的原料产地和商品销售市场。比如，伯里克利把强行占领的安德罗斯、纳克索斯、列姆诺斯和伊姆布罗斯等岛屿的土地，分配给雅典公民以重装兵身份长期驻屯。公元前449年，伯里克利率军赴赫尔松涅索斯，平息当地战事后，便筑起横贯地峡的城墙，增派军事移民1000人控制爱琴海通往黑海的通道。使雅典海上优势得到较充分的保障。

为了把雅典建设成当时希腊世界上一流的美丽壮观的大都市、经济中心和商品集散地，伯里克利不惜人力、物力和财力，加以建设。甚至伯里克利的敌人也不得不承认这样的事实："雅典的外观完全改变了。雅典在希波战争前是个古老的半农村的城市，到了伯里克利时代，便一跃而为具有世界意义的大城市，豪华富丽，使希腊所有其余的城市为之失色。"

静谧的希腊安德罗斯岛

纳克索斯岛

　　一个与伯里克利同时代的人曾这样写道："假如你未见过雅典，你是一个笨蛋；假如你见到雅典而不狂喜，你是一头蠢驴；假如你自愿把雅典抛弃，你就是一头骆驼。"这话虽然过于夸张和粗俗，但也确实道出了雅典在建设方面所取得的巨大成就。

　　伯里克利抱定雅典应在各个方面都走在希腊其他城邦前面这一思想，在雅典大兴土木建设工程。根据伯里克利的提议，在公元前5世纪50年代到30年代的几十年间，残破落后的雅典面貌被一系列美丽辉煌的建筑物装点一新。这些建筑物论风格，堪称是古典风格的楷模；论艺术造诣，均可视为古代建筑艺术与造型艺术的杰作。其中，著名的建筑物有，由杰出建筑

家卡里克拉提斯和伊克提诺斯设计建造的雅典娜大庙，
厄勒忒奥大庙，忒修斯大庙。有豪华富丽，饰以巨大
廊柱的雅典卫城之正门，有改建和新建的港口，以及
连接雅典和比雷埃夫斯港的城墙。著名的雕刻装潢艺
术家菲迪亚斯，设计、主持并完成了雅典卫城的装潢
工作，使雅典成为名副其实的雅典乃至整个希腊的经
济中心，成为希腊世界最富有的城市之一。伯罗奔尼
撒战争爆发前夕，雅典除了从别的来源所取得的收入
以外，即除了同盟国的贡款之外，经常的收入还有关
税、商业税、住在雅典的异邦人所缴纳的人头税、国
家财产的租税（特别是银矿的租税）、法院所收的诉讼
费和其他罚款收入。每年从同盟国交纳的贡款平均达
到600塔连特；在雅典卫城内，还存有6000塔连特的

签定《提洛同盟》的提洛岛上的狮像

→ 雅典娜女神像

银币，还有私人或国家捐献而未铸成货币的金银；还有在赛会游行和竞技时所用的礼神杯盏和器皿；也有来自波斯人的战利品以及其他一切资源，其总数不下500塔连特。神庙中储存的金钱，数目也是很可观的。仅雅典娜女神像上，就有纯金40塔连特。由此可见雅典之富庶。

然而，伯里克利繁荣雅典经济的种种举措，是建立在奴隶制基础之上的，也是建立在压迫剥削盟邦基础之上的。他把雅典在希波战争中为反抗波斯侵略而建立起来的雅典海上同盟（亦称提洛同盟）发展为雅典借以称霸的工具。

起初，提洛同盟是独立的希腊城邦的联合组织，原则上入盟各邦处于平等地位，每个城邦有权决定自己的政治制度。同盟的最高权力机关是入盟各邦代表组成的同盟大会，与会各邦代表有同样的表决权。为了战争的需要，入盟各邦向联合舰队提供备有船员的兵舰，交纳一定金额的岁币。并规定有入盟和退盟自愿的原则。

同盟成立于公元前478年至公元前477年，由雅典倡议，并由雅典担任了同盟的领导。其联合舰队的司令官由雅典将军充任，各邦应缴纳的岁币数额也是由雅典将军确定的。第一次入盟各邦所交岁币总额为460塔连特。据估计，这笔钱足以维持一支拥有200艘战舰的舰队七八个月的开支。

古希腊钱币

同盟成立后的最初10年间，希腊联合抗击波斯的战争取得了巨大的战果。从波斯人的统治下解放了色雷斯沿岸、赫勒斯滂、爱琴海中的部分岛屿，以及小亚细亚沿岸的部分希腊城邦。但随着反波斯战争的胜利，雅典在同盟中的地位也不断提高，开始越来越多地干涉盟邦内政，力图使盟邦变成雅典附属国的意向更为明显，从而引起加盟城邦的不满和反抗。对自愿退盟之邦，雅典视之为"背叛"行为，加以制裁和无情的惩罚。

公元前465年，塔索斯岛宣布脱离提洛同盟，雅典人立即出兵前去镇压。被迫投降的塔索斯人，不得不与雅典签订了屈辱和约，拆毁了城墙，交出了海军，放弃了在色雷斯的金矿和土地，赔偿了战费，并在以后交纳岁币。

公元前454年，雅典人以提洛岛不够安全为借口，将同盟金库由提洛岛迁至雅典。并将各邦所交纳的盟金，用于雅典卫城的建设和雅典扩军、发展文化事业之费用。同盟金库俨然成了雅典国库，所收所支完全听由雅典人一手控制。加盟各邦只有缴纳盟金的义务，而失去了对盟金的共同管理权，完全听由雅典摆布。

在大多数盟邦中，雅典还扶植亲雅典的民主派掌权。当雅典人觉得或认为某一盟邦当局对它不够忠诚或引起怀疑时，便派出得力官员实行直接政治监督，由此干涉盟邦内政。雅典俨然成了加盟各邦的霸主。雅典人还对盟邦的司法权加以限制，先是要求关系盟邦和雅典之间的案件要由雅典法庭审理，进而剥夺盟邦审理自己国内重大刑事案件的权力，最后就连重大的民事案件也要归雅典法庭审理。由此，给盟邦带来了巨大的经济损失。

至于经济掠夺，主要有以下几个方面：一是雅典人在盟邦中享有经济免税特权；二是雅典公民高利贷者无情掠夺无力还债的盟邦公民的不动产；三是盟邦必须采用雅典币制和度量衡；四是雅典从黑海地区进口的粮食一类物资，首先满足雅典的需要，然后才能

希腊农业

卖给其他加盟各邦；五是任意增加盟金，公元前425年，岁币总额增加到1300塔连特，比建盟初期翻了3翻还多；六是设卡收税，对来往货船抽取货载总价值的1／10关税；七是无情镇压退盟之邦，趁机掠夺。公元前446年，优卑亚岛诸邦退盟，遭到雅典无情镇压；公元前440年，萨摩斯脱离同盟，伯里克利不惜耗费1000塔连特率兵前去镇压；公元前428年，米提列纳起兵反抗雅典，被雅典打败后，有1000人被处死，城墙被摧毁，战舰和部分土地被没收。可见雅典经济的繁荣，与其对盟邦的剥削和掠夺有着密不可分的关系。

相关链接
XIANGGUAN LIANJIE

地米斯托克利

地米斯托克利（约公元前524年—约公元前460年），雅典政治家，统帅。贵族出身。公元前493年起多次当选为雅典执政官。公元前493年—公元前492年修建比雷埃夫斯港。因为地米斯托克利指挥的公元前490年马拉松战役雅典取得胜利后，来自波斯帝国的威胁暂时解除，地米斯托克利于此时登上雅典的政治舞台，他在雅典政坛上极力主张发展海军，由于暂时见不到波斯帝国的威胁，雅典人民起先未给予足够重视，于是地米斯托克利又极力鼓动对雅典世仇岛国埃吉纳的侵略战争，结局是埃吉纳被征服，而通过对埃吉纳的战争，雅典建立起了一支强大海军，发动对希腊的战争。

公元前483年地米斯托克利说服公民大会用开采银矿的收入扩建海军，建造三层桨战船，建立一支拥有200艘战船的舰队，使雅典成为海上强国；公元前480年当选为将军，温泉关失守后，组织雅典居民撤退，并参与指挥希腊海军在萨拉米斯海战中战胜波斯舰队；公元前470年遭贵族派诬陷，被指控与

亲波斯的斯巴达将军波桑尼有牵连，终以"叛国罪"缺席判以死刑。地米斯托克利曾被迫逃往亚哥斯、科拉西、伊庇鲁斯等，后又辗转投奔波斯，最终死于小亚细亚。

波斯帝国泽克西斯一世发动对希腊的战争。包括雅典与斯巴达在内的31个希腊国家结成同盟，雅典虽然拥有希腊最强大的海军，地米斯托克利为保持同盟团结，主动提出由斯巴达人出任海军统帅，但是由于斯巴达人不善于指挥海军，所以处处要向地米斯托克利请教，因此地米斯托克利实际掌握了海军的统帅权。

地米斯托克利虽然为雅典的强大做出了巨大的贡献，但是他在政坛上的名声并不好，为实现自己的目的往往不择手段。早先便经常使用贿选等手段取得政治上的优势，对盟友斯巴达更可谓是机关算尽。他之所以被流放很大程度也是因为这个原因。

当然，在军事上，地米斯托克利可能是人类军事史上第一个相信海军的力量足以影响整个战局的人。在他的领导下，雅典从无到有，发展出了以后一个世纪的雅典海上霸权。他悲剧性的流亡却向世人展示出雅典民主政治的另一面。而他最后不与雅典为敌，以至于自尽，保持了一个伟大政治家的晚节。

爱琴海

　　爱琴海是地中海东部的一个大海湾，位于地中海东北部、希腊（Greece）和土耳其（Turkey）之间。爱琴海岛屿众多，所以爱琴海又有"多岛海"之称。爱琴海是地中海的一部分，是黑海沿岸国家通往地中海以及大西洋、印度洋的必经水域，在航运和战略上具有重要地位。爱琴海位于希腊半岛和小亚细亚半岛之间，南北长610公里，东西宽300公里。爱琴海的东北部经达达尼尔海峡与马尔马拉海相连。

　　爱琴海海岸线非常曲折，港湾众多，共有大小约2,500个岛屿。爱琴海的岛屿可以划分为7个群岛：色雷斯海群岛、东爱琴群岛、北部的斯波拉提群岛、基克拉泽斯群岛、萨罗尼克群岛（又称阿尔戈－萨罗尼克群岛）、多德卡尼斯群岛和克里特岛。爱琴海的很多岛屿或岛链是陆地上山脉的延伸：一条岛链延伸到了希奥岛，另一条经埃维厄岛延伸至萨摩斯岛，还有一条从伯罗奔尼撒半岛经克里特岛至罗德岛。正是这条岛链将爱琴海和地中海分开。许多岛屿具有建设良港的天然条件。

　　爱琴海因蒸发量大于降水量，海水盐度较高，为36‰～39‰，高于马尔马拉海和黑海，因而引起

黑海中较淡的海水从表层通过海峡流入爱琴海，而爱琴海中盐度较大海水通过海峡下层流向黑海的海水交换形式。希腊半岛与埃维亚岛之间的海潮以凶猛多变闻名于世。表层海水夏温达24度，冬温10度。在490米深处，温度波动在14至18摄氏度之间。从黑海流向爱琴海东北的大量低温水流，对爱琴海的水温产生一定影响。黑海水流含盐量少，降低了爱琴海海水的咸度。

爱琴海最佳旅游季节是每年的4—10月，春夏是海边最美丽的时候，海滩上的人们安详地享受着来自天堂的静谧，是一件妙不可言的事。也可根据游人自身的喜好来安排时间，去畅游"多岛海"的梦幻美丽。

受气候因素的影响，爱琴海地区7—8月份是最热的时候，但也是游人最多的时候，这个时候的爱琴海晴空如洗，阳光明媚，人们喜欢到爱琴海畔享受海风、阳光的沐浴。

爱琴海还有一个非常美妙的称号："葡萄酒色之海"。春夏二季，在阳光的照射下，爱琴海的海水呈现一种晶莹剔透的颜色，清澈中泛着灿灿的金色，到了夕阳落下的时候，海水就会变成一种绛紫色，好像杯中的葡萄酒，在盛夏的天空下，带给人心旷神怡的感觉。

繁荣文化

生活得最有意义的人，并不就是年岁
活得最大的人，而是对生活最有感受的人。
——卢 梭
人创造了事业，并以事业为荣。
——高尔基

雅典民主政治是雅典文化繁荣的政治条件。它为
文化发展和繁荣创造了和谐民主的政治氛围，为文化
创造者提供了思想自由和创作自由的政治保障。民主
政治所开创并形成的尊重知识、尊重人才的社会风气，
有助于培养和激发公民的主人翁精神和爱国主义精神，
有助于公民施展个人才华，为文学艺术的发展与繁荣
潜心创作。而公民发自内心的对自身社会地位的肯定
与歌颂、对城邦的赞美与颂扬，又成为他们致力于文
化创作活动的强大精神力量，使其作品具有鲜明的时
代性和充满了艺术感染力。雅典文化之所以享有世界
声誉，之所以经久不衰，关键就在于它突出了人民性
和爱国主义的主题。它围绕公民、城邦问题，歌颂了

→希腊神话——迷宫里的米诺陶诺斯

光明战胜黑暗，正义战胜邪恶；歌颂了真善美，鞭挞了假恶丑；歌颂了人的价值和人的地位，人的尊严和人的创造力，处处体现了人本主义的文化特征。

雅典高度发展的奴隶制社会经济，是雅典文化繁荣的物质基础。因为人们首先要解决衣、食、住的问题，然后才有精力和时间去从事文化的、艺术的、宗教的等其他活动。一个饿着肚子的人，绝没有雅兴首先去舞场和从事无助于解决饥饿的问题；一个整天为穿衣吃饭问题而发愁的民族，也绝不可能创造出什么优秀的文化。可见，一定的文化是一定政治、经济在观念形态领域里的反映。经济基础是文化发展的沃土，而生产生活方式决定着文化发展的性质和方向。

雅典高度发展的社会经济，为文化创作提供了资金，提供了素材，提供了丰富的内容；雄伟的建筑，为雕刻家施展才华提供了用武之地；海外贸易和海上历险，不仅开阔了雅典人的视野，也为文学创作提供了素材；商品经济的活跃，奴隶阶级反抗奴隶主阶级的斗争，城邦之间的矛盾斗争，以及反抗外族侵略的战争，均为雅典文化的发展提供了丰富的创作内容。

雅典的神话为雅典文化繁荣提供了素材和园地。有关开天辟地的神话、普罗米修斯盗火的神话，有关

普罗米修斯画像

→古希腊数学家平面几何创始人欧几里德

"英雄"的神话，以及有关扶正去邪、抗击命运的神话，均为文化创作开辟了广阔的园地。

东方文化成为雅典文化繁荣可资借鉴的榜样。希波战争之后，东西方物质文化交流有了扩大。东方文明古国所创造出来的精神文化和物质文化，深刻地影响了雅典文化。如造船术、航海术、建筑术和农业经营技术；宗教、文学、历法、腓尼基字母、埃及象形文字等。雅典人高明的地方，就在于他们始于模仿的创作，经过他们独具匠心的改进和再创作，使之赶上或超过东方文化，更具有民族性和适用性、艺术性。

伯里克利在推进并完善民主政治、发展经济的同时，也为雅典文化繁荣贡献了他的聪明和才智。

他带头尊重知识，尊重知识分子。雅典许多文化名人均成为他家中的座上客和亲密无间的好朋友，如著名雕刻家菲迪亚斯等。他的家成了雅典的学者、诗人、哲学家经常聚会的地方。他和他的妻子阿斯帕西娅直接参加各种理论问题的讨论，几乎无话不说，无话不谈。他还与当时一些最有才华的知识分子保持着密切的联系，如普罗塔哥拉斯、希罗多德等人。

他制定并实施了一系列奖励文化的政策，如改革开放政策。正如他自己所说的，雅典向所有国家开放，雅典要成为全希腊的学校，由此吸引了各地知名学者和文化名人前来雅典，如授予公民权政策。对侨居雅

希腊神话

古希腊的荷马史诗

典的学术文化名人，授以雅典公民权，这就给予了被
授予者至高无上的政治待遇。如奖励文化政策。对优
秀文化作品给予物质奖励，使不少做出成就的文化名
人从中得到经济实惠，所付出的劳动受到了政府的肯
定和尊重，如希罗多德因写《历史》一书而获大奖。
如颁发津贴政策。为使公民都能积极自觉地参加文化
活动，接受文化教育和艺术熏陶，为使雅典从事农业
的公民，不因考虑到农忙受到经济上的损失，对前来
观剧者，每人每天发给两个奥波尔。

他用人格力量团结知识分子，用政策扶植文化创

作，用奖励的办法调动文化创作者的积极性，用爱国主义这一主旋律弘扬雅典公民精神，使雅典文化百花园，充满了生机和活力。名人和名作，不仅为雅典赢得了举世公认的文化声誉也极大地丰富了人类文化宝库。为世人留下了珍贵的文化遗产。

每当谈到雅典的时候，人们无不为它的文化成就而感到骄傲，为雅典有伯里克利的英明领导而感到快慰。

← 古希腊的伊索寓言

相关链接
XIANGGUAN LIANJIE

普罗米修斯

普罗米修斯，在希腊神话中是泰坦神族的神明之一，名字的意思是"先见之明"（forethought），他是地母盖亚与天父乌拉诺斯的女儿忒弥斯与伊阿佩托斯的儿子。普罗米修斯教会了人类很多知识。

"普罗米修斯"含义是深谋远虑，他也充当了人类的教师，凡是对人有用的，能够使人类满意和幸福的，他都教给人类。同样的，人们也用爱和忠诚来感谢他、报答他。但最高的天神领袖宙斯（Zeus）却要求人类敬奉自己，让人类必须拿出最好的东西献给自己。普罗米修斯作为人类的辩护师触犯了宙斯。作为对他的惩罚，宙斯拒绝给予人类为了完成他们的文明所需要的最后的物品——火。但普罗米修斯却想到了个办法，用一根长长的茴香枝，在烈焰熊熊的太阳车经过时，偷到了火种并带给了人类。于是，宙斯大怒，他吩咐火神给普罗米修斯最严厉的惩罚。但是火神（Haphaestus）很敬佩普罗米修斯，悄悄地对他说："只要你向宙斯承认错误，归还火种，我一定请求宙斯饶恕你。"普罗米修斯摇摇头，坚定地说："为人类造福，有什么错！我可以忍受各种痛苦，但决不会承认错误，更不会归还火种！"火神不敢违背宙斯的命令，只好把普罗米修斯带到高加索山，用一条永远也挣不断的铁链把他缚在一个陡峭的悬崖上，让他永远不能入睡，疲惫的双膝也不能弯曲，在他起伏的胸脯上还钉着一颗金刚石的钉子。他忍受着饥饿、风吹和日晒。此外，宙斯还派一只可恶的鸷鹰每天去啄食普罗米修斯的肝脏，白天肝脏被吃完了，但在夜晚肝脏会重新长出来，这样，普罗米修斯所承受的痛苦便没有尽头了。尽管如此，他还是没有屈服。就这样，日复一日，年复一年。他一直忍受着这难以描述的痛苦和折磨。几千年后，赫勒克勒斯为寻找金苹果来到悬崖边，用箭射死神鹰，用石头砸碎铁链，将他解救出来，并让半人马喀戎来代替普罗米修斯。但普罗米修斯必须永远戴一只铁环，环上镶上一块高加索山上的石子。

现在我们常把"普罗米修斯"一词比喻为"成全他人而宁愿牺牲自己的人"。

染疾而亡

> 人固有一死，或重于泰山，或轻于鸿毛。
>
> ——司马迁
>
> 人生应该如蜡烛一样，从顶燃烧到底，一直都是光明的。
>
> ——萧楚女

正当伯里克利的权势如日中天，繁荣强大的雅典呈现在世人面前之时，一场由来已久的两大军事集团——以雅典为首的雅典海上同盟（提洛同盟）和以斯巴达为首的伯罗奔尼撒同盟之间的矛盾激化，演变成希腊的大规模内战。

双方因政治对立、经济冲突和各自称霸希腊世界野心的膨胀，进行了一场历时27年之久的流血冲突。战争从公元前431年开始，结束于公元前404年。这场古代世界历史上的帝国主义战争，不仅使这两大军事集团两败俱伤，也使整个希腊城邦走上了衰败的道路。正如历史学家修昔底德在其《伯罗奔尼撒战争史》一书中所写的："伯罗奔尼撒战争不仅持续了很长的时

当代复原的雅典三列桨战舰

间，并且在整个过程中，给希腊带来了空前的痛苦。过去从来没有过这么多城市被攻陷、被破坏……从来没有过这么多的流亡者；从来没有过这么多生命的丧失。"如果说，希波战争给希腊的奴隶制带来了繁荣的话，那么伯罗奔尼撒战争后的希腊则开始从繁荣走向衰落。伯罗奔尼撒战争是希腊城邦由盛到衰的一个历史转折点。

年过六旬的伯里克利，在建设雅典国家的同时，一刻也没有忽略雅典的防御。在逐步开疆掠土实践争霸希腊世界野心的同时，时刻牢记着与斯巴达为首的伯罗奔尼撒同盟的深刻矛盾，并为防止可怕的战争的发生，默默地做好了一切准备。

公元前431年战争爆发之后，针对斯巴达大肆蹂

蹂雅典近郊农村、挑动雅典人出战的战略方针，伯里克利则采取了"坚壁清野，固守城垣"的方针，在把被破坏地区的居民移到城内的同时，发挥海军优势，沿伯罗奔尼撒半岛破坏其沿海城市。双方初战，互有胜负。

出乎伯里克利预料的严重问题是，蜂拥至雅典的农村居民，给雅典城带来了空前的灾难。难民遍布于露天剧场、寺庙台阶、广场……"尤其是新来者，便住在令人窒息的茅屋里，许多人死掉了。垂死的人们一个压住一个地躺着，有如尸骸；半死的人，渴得熬不过了，便沿街爬行，爬到一切水源的附近。难民宿营所在的庙宇和神坛都堆满尸体。"由于缺乏粮食供

伯罗奔尼撒战争

伯罗奔尼撒战争

应，城中恐慌为之加剧。各乡村涌入雅典的人口，稠密得可怕，严重地污染了环境。因疾病得不到及时医治，卫生条件极差，由此又带来了更为可怕的瘟疫的流行。猖獗的瘟疫造成大量的死亡，也给人们带来无法忍受的痛苦。据索色戴德斯记载：染此病之人，发烧、咳嗽、呕吐、生水痘、干渴腹泻、长坏疽、昏迷，皮肤一块块烂掉，直至夺走其生命。因为不知发病原因，医生对此也是束手无策。后来，接触病人多了，便相信人工对付这种疾病是绝对无能为力了。从此听命于天，干脆放弃了救治的努力。转而，人们求助于神灵，频频在庙宇中祷告。尽管人们用尽了一切可用的语言和祭品祈求神的保佑，但都无济于事，终于为

灾难所压倒，人们连求神的举动也放弃了。"因为瘟疫太猖獗了，人们不知来日如何，便不再尊重神和人的定制。以前丧葬所守的一切仪式，都弃置不顾了，人人随便埋葬死者。"这样一来，使雅典社会秩序和生活秩序发生了严重的混乱。"瘟疫使雅典人完全脱离了常轨。""每个人都很容易做出以前恐怕受人指责而不敢做的事；人们看见了，命运如何迅速地倒转，有钱人会突然死去，以前一无所有的人此刻就承受了死者的财产……对神的敬畏和人间的法律一点也不能约束人们，因为他们看见人人都一样地死掉，所以认为敬神与否都没什么问题；谁也不能指望活到因自己的犯罪

雅典鼠疫

黑死病

而受惩罚的时候。"瘟疫使雅典30万城邦居民中，数万人被夺去了生命，致使雅典在伯罗奔尼撒战争之初就蒙受了巨大的打击和损失而处于军事上的不利地位。

瘟疫带来的空前灾难和军事上的败绩，使伯里克利不仅遭到政敌的强烈攻击，而且也蒙受来自民众的误解与责难，使他的威信日益衰落。"老百姓受苦，因为生活无着；富裕的人也不满，因为损失财产——这包括在阿提卡区的大厦及珍贵的家具——然而，无论贫富皆不满，首先是因为战事继续下去。""敌人从四面八方起来。许多人非难他、威吓他，要求他负一切行为的责任；许多人给他编歌谣和讽刺诗，称他为怯懦者、通敌的卖国贼；而挤拥在城市的流离失所的群

众，尤其痛恨战争和战争所招致的破产。"

公元前430年，伯里克利甚至没有被选为将军。更有甚者，他被指责浪费国家财产，被科以巨额的罚款。但是，大敌当前，雅典仍需要伯里克利的领导。公元前429年，伯里克利再度当选为首席将军。不幸的是，伯里克利也因染上瘟疫于同年去世，终年66岁。雅典从此失去了一位卓越的军事指挥家、杰出的政治家。

此后，出任雅典最高领导者之人，几乎无一人能

→天花病毒

与伯里克利相比。难怪史学界有人认为，如果伯里克利不是染病而死，雅典也不至于在伯罗奔尼撒战争中失败。后继伯里克利之位的雅典领导人，如果具有伯里克利的才德，雅典也不至于一败涂地。

至于那场可怕瘟疫发生的原因，希腊人有着种种的猜测。他们当时认为，这种疾病可能是从爱西屋皮亚传入埃及，再从埃及传入希腊。因为瘟疫最先在雅典的拜里厄司港居民中发生，故此，雅典人甚至相信，这一定是伯罗奔尼撒人在拜里厄司的蓄水池中投了毒药，居民饮用此水而染病。

后人根据瘟疫发病时的症状判断，这种瘟疫可能是天花、黑死病、猩红热、麻疹或斑疹伤寒……近几年美国人亚历山大·兰穆尔博士与汤玛士·沃特博士在《新英格兰医学季刊》上发表论文，对雅典瘟疫发生的原因等问题进行研究，提出了一种新的观点，即认为这是一种"毒惊并发症"的混合病，是由一种葡萄球菌产生的病毒引发。

伯里克利死后，雅典的局面每况愈下。盟邦的背离，斯巴达军事上进攻的加剧，加之雅典冒险家、野心家的错误领导，致使雅典远征西西里几乎全军覆灭，元气大伤。公元前405年，羊河一战，雅典损失了170艘战舰，被俘的3000名雅典战士全部被斯巴达人处

死。海上优势从此不复存在。公元前404年，雅典被
迫接受了苛刻的屈辱和约：雅典人答应把除了12艘警
备舰之外的所有战舰和商船尽数移交斯巴达人，把所
有堡垒（长城）彻底拆毁，并且承认斯巴达在希腊世
界的霸权。

因伯里克利这一伟人的去世，对雅典历史发展所
产生的深远影响，史评不绝，发人深思。正所谓："三
军易得，一将难求。"

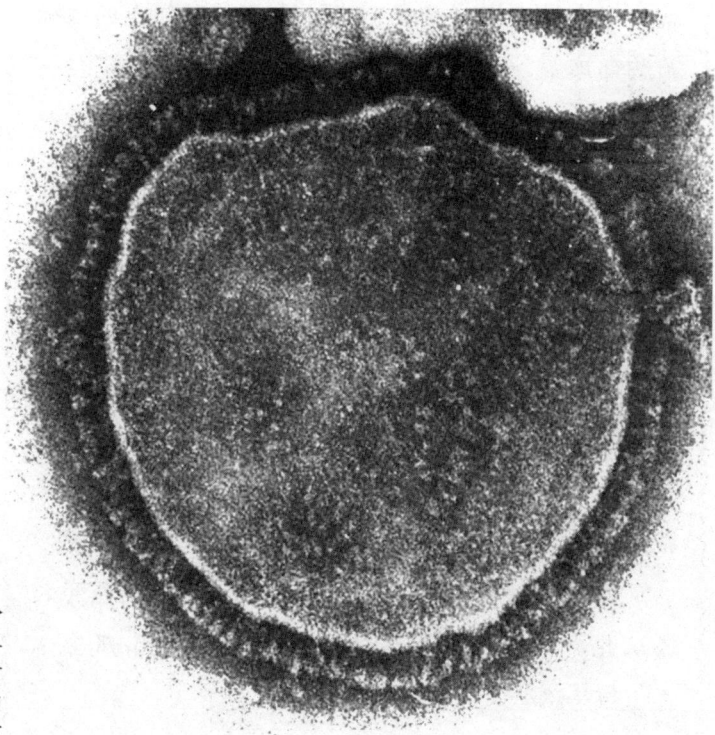

→ 麻疹病毒

雅典瘟疫

直到今天，没有人知道这场发生在公元前400多年以前的瘟疫从何而来，但可以确定的是，疾病几乎摧毁了整个雅典。在一年多的时间里，雅典的市民们生活在噩梦之中，身边强壮健康的年轻人会突然发高烧，咽喉和舌头充血并发出异常恶臭的气息。不幸的患者打喷嚏，声音嘶哑，因强烈的咳嗽而胸部疼痛。疾病像恶魔一样席卷整个城市，任何口服、外敷的药物都无济于事，最后，医生也被感染而生病。

对这种索命的疾病，人们避之唯恐不及。但此时希腊北边马其顿王国的一位御医，却冒着生命危险前往雅典救治。他一面调查疫情，一面探寻病因及解救方法。不久，他发现全城只有一种人没有染上瘟疫，那就是每天和火打交道的铁匠。他由此设想，或许火可以防疫，于是在全城各处燃起火堆来扑灭瘟疫。

御医希波克拉底用大火挽救了雅典，虽然雅典城从此失去了往日的辉煌，"雅典的世纪"风光不再，但是雅典人还是一代一代地活了下来。